Licio de Araújo Vale

Mente suicida
respostas aos porquês silenciados

Dados Internacionais de Catalogação na Publicação (CIP)
Angélica Ilacqua CRB-8/7057

Vale, Licio de Araújo
   Mente suicida : respostas aos porquês silenciados / Licio de Araújo Vale. -- São Paulo : Paulinas, 2021.
   120 p. : il, color. (Juventude e fé)

   ISBN 978-65-5808-079-4

   1. Suicídio - Prevenção 2. Jovens – Comportamento suicida 3. Luto 4. Família 5. Depressão mental I. Título II. Série

21-2330   CDD 362.28

Índice para catálogo sistemático:
1. Suicídio - Prevenção

1ª edição – 2021
1ª reimpressão – 2021

Direção-geral: *Flávia Reginatto*
Editora responsável: *Andréia Schweitzer*
Copidesque: *Mônica Elaine G. S. da Costa*
Coordenação de revisão: *Marina Mendonça*
Revisão: *Sandra Sinzato*
Gerente de produção: *Felício Calegaro Neto*
Projeto gráfico: *Clayton Barros dos Reis*
Diagramação: *Telma Custódio*

Nenhuma parte desta obra poderá ser reproduzida ou transmitida por qualquer forma e/ou quaisquer meios (eletrônico ou mecânico, incluindo fotocópia e gravação) ou arquivada em qualquer sistema ou banco de dados sem permissão escrita da Editora. Direitos reservados.

Paulinas
Rua Dona Inácia Uchoa, 62
04110-020 – São Paulo – SP (Brasil)
Tel.: (11) 2125-3500
http://www.paulinas.com.br – editora@paulinas.com.br
Telemarketing e SAC: 0800-7010081

© Pia Sociedade Filhas de São Paulo – São Paulo, 2021

Quem tem um "porquê"
enfrenta qualquer "como".

Viktor Frankl

Sumário

Agradecimentos 7
Prefácio. Suicídio, quem tem culpa? 9
Apresentação 11
Ficha interativa 12
Introdução..15
O que é o suicídio? 18
Como prevenir o suicídio? 19
Sinto uma vontade intensa de me matar há alguns anos, mas agora ela aumentou muito e eu não estou aguentando. O que fazer? 22
Em uma situação como a perda de um filho, é pecado pedir a Deus para que o tempo restante aqui passe rápido? 24
Quero ajudar pessoas que passaram por momentos difíceis. O que posso fazer? 26
Um conselho ou dica para a família que tenta esconder o suicídio por vergonha 27
Como ajudar uma pessoa que já tentou suicídio várias vezes? 28
A tendência ao suicídio é genética ou psicológica? 29
A bipolaridade é pior que a depressão, em termos de suicídio? 30
Como notar os próximos comportamentos suicidas? 31
O que nos falta para uma educação afetiva mais robusta? 32
As almas que cometeram suicídio ficam vagando por aí? 33
Que tal reconciliar-se consigo mesmo? 35
Deus perdoa aqueles que desejam morrer? 36
Existem pecados imperdoáveis? Se sim, quais são eles? 38
Há algum fundamento na história de que depressão é genética?........39
Como posso me ajudar? Tenho ansiedade generalizada e queria saber o que posso fazer? 41
O suicídio pode estar ligado a questões familiares? 42
Músicas podem ajudar a combater pensamentos suicidas? 43
Minha namorada perdeu o emprego, a bolsa de estudos, se isolou e deu um tempo no namoro. Devo ficar alerta? 44

Como ajudar e não ser refém de uma pessoa que toda hora diz querer se matar? 46
Como catequista, como posso ajudar um jovem que percebo ter tendências suicidas? 47
O suicídio é uma questão de saúde e tem a ver com a qualidade de vida? 48
As relações que terminam mal podem desencadear pensamentos suicidas? 51
O que é um relacionamento tóxico? 53
Como lidar com a morte de um ente querido que se matou? 56
Ouvi em uma de suas palestras que é importante vivermos a ternura. Como fazer isso? 61
Uma das consequências da dor de alma é o vazio existencial, que leva muitos ao suicídio. O que fazer? 65
Tenho muita dificuldade de pedir ajuda. O que faço? 68
É verdade que existe relação entre a doença física e a mental? 70
Quero morrer. Ninguém me ama. Tenho direito de ser amado? 73
O que é *bullying*? 84
Como prevenir o *bullying*? 85
Como a escola pode prevenir o *bullying*? 87
O que é a autolesão? 90
Quais são os sinais que podem ajudar a identificar que o adolescente está se autolesionando? 92
Como posso ajudar alguém que não aceita ser ajudado? 93
Criança pode ter depressão? 95
Como ressignificar a perda de uma pessoa amada por suicídio? 97
Por que a imprensa e os meios de comunicação não divulgam um suicídio? ... 99
O que é posvenção em suicídio? 100
O que é o "Janeiro Branco" e que relação tem com suicídio? 104
É verdade que há relação entre poluição e risco para suicídio? 106
Como cuidar da nossa saúde mental em uma cidade grande, com altos níveis de poluição? 108
Por que "falar é a melhor solução"? 109
Minha mãe descobriu sobre minha sexualidade..110
"Não vou morrer, né?" 112
Onde procurar ajuda? 114
Considerações finais 116
Referências bibliográficas 118

Agradecimentos

Quero agradecer a Deus, por seu amor fiel e sua presença misteriosa e misericordiosa na minha vida.

Agradeço a meus pais, Maria Nilza de Araújo Vale e Elias Pereira Vale (que morreu por suicídio e é o grande responsável por meu amor, estudo e dedicação à suicidologia), pelo dom da vida e pelo amor a mim dedicado.

Quero agradecer à minha querida amiga Ir. Ivonete Kurten, fsp, no coração de quem esta obra nasceu primeiro. Ela é a grande responsável pelo desafio de escrevê-la.

Especial e eterna gratidão aos meus amigos Fabiana Brochetti do Reis e Clayton Barros dos Reis, sócios-diretores da agência FabiComunica360, que sonharam este livro comigo.

E, por fim, claro, dedico também todo meu agradecimento ao meu amigo Alexandre Varella, pela oportunidade de responder às perguntas sobre saúde mental no perfil do @ocatequistaoficial. Foi a partir desse bate-papo, por meio de vídeos contendo perguntas e respostas nos stories, que surgiu o insight de escrever este livro.

Prefácio
Suicídio, quem tem culpa?

O inexplicável, o absurdo, o injustificável sempre constrangeu a humanidade sedenta de explicações racionais para todos os eventos. Sempre nos assusta o que não entendemos. Sempre que algo foge ao "lógico" ansiamos por alguém que nos explique o que muitas vezes simplesmente não tem explicação. Assim é com o suicídio: ele não se coaduna com o nosso sofisticado instinto de sobrevivência. Temos toda uma estrutura neurofisiológica pronta a nos responder agilmente quando estamos em perigo. Pupilas dilatadas, coração acelerado, descarga de adrenalina no organismo dando energia extra para que possamos ultrapassar a dificuldade, correr do perigo, escapar por um triz de várias situações-limite. Assim, o animal humano é equipado com os mesmos instintos básicos dos outros animais, o que nos permitiu sobreviver aos milênios, mas somos um animal humano e, como tal, "sofremos de humanidade". Somos ambivalentes, amamos e odiamos, às vezes, a mesma pessoa. Nosso amor próprio muitas vezes é tomado de sentimentos autodestrutivos em processos cíclicos de autossabotagem. Temos conflitos existenciais, ou seja, conflito de existir, de estar no mundo e a maioria desses conflitos não são passíveis de uma compreensão lógica e fogem à racionalidade limitada que criamos para explicar o mundo, pois somos um ser transcendente aos limites da matéria.

Quando alguém comete suicídio, procuramos ansiosamente por uma carta, por uma pista, por algum sinal. Repassamos as cenas para ver se não perdemos algum detalhe, alguma minúcia que nos escapou e que, se estivéssemos mais atentos, teríamos como evitar. Por isso nos culpamos, nos responsabilizamos e, muitas vezes, nos autodestruímos.

Não somos deuses! Definitivamente não somos. Não possuímos onisciência e onipotência. Ao contrário, possuímos muitos limites e, talvez, num momento como este, tais limites fiquem tão explícitos que, junto à dor violenta da perda de um ser amado sob circunstâncias tão trágicas, sofremos pela perda e pela impossibilidade de evitarmos o que agora nos atormenta.

Temos algumas escolhas, nos "solidarizarmos" com aquele que foi cometendo em vida um suicídio lento, desistindo de viver, das pessoas e de si mesmos, como se quiséssemos nos imolar para recuperar a vida daquele que se foi. Certamente a pior das escolhas.

Podemos ainda passar a vida buscando uma resposta que talvez não exista e que, mesmo que existisse, não mudaria o rumo dos acontecimentos. Geralmente buscamos uma resposta que confirme a nossa culpa, ou que nos desculpe, ou que culpe alguém a quem possamos responsabilizar e odiar. Certamente também uma escolha infeliz.

Podemos finalmente escolher dar um ponto final na tragédia evitando que ela repercuta indefinidamente em nossas vidas. Chorar, lamentar, questionar-se, mas seguir, homenageando esse ser amado com uma escolha diferente da dele, suportando a vida, enfrentando as dificuldades, encarando os acontecimentos, sem fugas, sem escapismos infantis, porém com a altivez, com a nobreza dos heróis anônimos que cotidianamente vivem a vida sem nunca desistir dela.

E quanto aos que assistem de fora esse momento de dor, se for católico reze, se for evangélico ore, se for espírita faça preces, se for budista ou indiano medite, se for ateu silencie, mas respeite a dor dos que perderam um ser amado de forma tão angustiante, evitando comentários vãos, suposições vazias e acusações levianas. Se não pudermos consolar, que não sejamos aquele que amplia a dor.

O livro do professor Licio Vale faz entender de forma séria e profunda as questões que estão por trás do suicídio, nos permitindo agir com a grande delicadeza que o tema exige.

Rossandro Klinjey
Palestrante, Escritor e Psicólogo Clínico.
Consultor da Rede Globo em temas relacionados a
comportamento, educação e família,
no programa *Encontro com Fátima Bernardes*,
além de colunista da Rádio CBN.

Apresentação

Segundo a Organização Mundial da Saúde (OMS), o suicídio é a terceira causa de morte de jovens brasileiros entre 15 e 29 anos. Esses números e os riscos para a saúde mental aumentaram na pandemia: a Covid-19 fez crescer os transtornos mentais e a automutilação entre os jovens, o que configura um motivo a mais para combater o estigma e lançar luzes sobre o problema do suicídio.

A vergonha e a ausência de informações dificultam a busca por apoio para depressão, estresse, ansiedade, entre outros transtornos, que comprometem o trabalho de prevenção ao suicídio.

Pais e professores, bem como os profissionais de saúde, que estão na linha de frente do atendimento, precisam saber identificar se um adolescente está sofrendo. É justamente esse ponto que será abordado nesta obra, a qual fornecerá respostas às perguntas de diversos jovens e disponibilizará uma aprendizagem proveitosa sobre esse tema tão difícil.

Escrito em linguagem simples e objetiva, o livro busca mostrar para jovens, pais e professores os passos essenciais para o apoio emocional e a prevenção do suicídio em lares e escolas.

Este livro é seu. Escreva aqui o que sente, permita que estas páginas sejam um espaço de conexão com você mesmo e com tudo aquilo que tem de mais valioso: seus sentimentos. Quando chegar ao fim, volte aqui e releia suas anotações iniciais. Fique à vontade para reescrever ou reelaborar seus sentimentos apontados, rabiscar ou fazer uma anotação adicional.

Certamente, depois de ter respostas a tantos porquês, com apoio e ajuda profissional, você também será capaz de transformar sua dor em amor.

Se quiser conhecer mais sobre meu trabalho, siga-me nas redes sociais:

- @licio.vale
- facebook.com/licio.vale
- https://www.linkedin.com/in/liciovale/

Boa leitura!

Ficha interativa

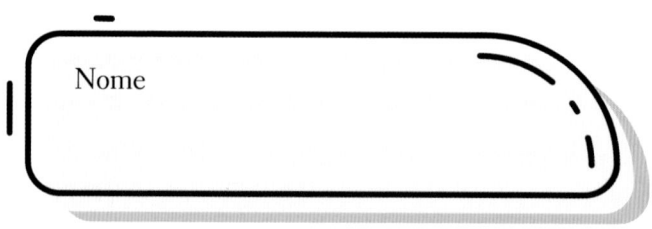

Minha queixa (como começou? Foi repentino ou gradual?)
_____
_____
_____
_____

Quais transformações ocorreram (como evoluiu)?
_____
_____
_____
_____

O que estou sentindo agora?
_____
_____
_____
_____

Meu projeto para reelaborar a minha dor:

Agora leia este livro e prepare-se para voltar nesta página
e escrever seu projeto de mudança e ressignificação,
que começa agora.

Introdução

Uma das grandes dificuldades de quem trabalha com prevenção e posvenção[1] em suicídio, como eu, é responder às perguntas sobre o que se sente, as causas, as consequências e, sobretudo, o porquê de o comportamento suicida instalar-se. Por que alguém tão querido "morreu por suicídio"?

Tanto o tema da saúde mental quanto o do suicídio são assuntos tabus. É quase proibido falar sobre eles e, por isso, surgem dúvidas.

O comportamento suicida, por exemplo, é o final de um processo contínuo, composto de etapas, que vai se instalando na vida da pessoa com o tempo: ideação (pensamentos recorrentes de morte), planejamento (começa a fazer planos), tentativa de suicídio (tenta executar o plano traçado) e finalmente a morte. Se na prevenção ao suicídio sabemos que "falar é a melhor solução", ter respostas também é muito importante para poder acolher-entender-ressignificar a dor e a perda. E ter informação colabora na prevenção. Só se faz prevenção ao suicídio com informação qualificada.

Este livro nasceu com o propósito de responder a algumas dúvidas e questões que fui recolhendo ao longo dos anos trabalhando como suicidólogo – perguntas que me foram feitas durante aulas, orientações, palestras e cursos pelo Brasil e no exterior.

As páginas a seguir falam sobre questões de saúde mental e suicídio, e buscam acolher, por meio de respostas a questionamentos, a dor emocional de quem já tentou o suicídio ou perdeu uma pessoa amada nessas condições.

A tarefa de responder às dúvidas visa acolher o sofrimento existencial e, com isso, ajudar a viver com dignidade momentos de solidão, abandono, desesperança e incertezas.

---

[1] Termo criado pelo suicidologista Edwin Shneidman, a posvenção surge como alternativa para minimizar, nos sobreviventes enlutados, as sequelas da morte por suicídio, no sentido de atenuar-lhes o impacto disso. Também define toda e qualquer atividade que ocorre depois do suicídio. Cf. *Revista Brasileira de Psicologia*, Salvador, Bahia, 2015.

Sentir dor emocional pertence ao universo humano. Não é fraqueza, nem vergonha, tampouco falta de Deus no coração. Essa dor precisa ser olhada, enfrentada, acolhida e tratada. Apenas seguindo cada etapa desse processo minimiza-se a possibilidade de tentar matá-la ou autoexterminá-la. Sim, a pessoa que atenta contra a própria vida quer matar *a dor*, e não a si mesma.

Se você prestar atenção perceberá que a grande maioria das pessoas com quem você se relaciona conhece alguém que se matou. Entretanto, a grande questão, infelizmente, ainda não foi e nunca será respondida: por quê? O porquê morre com a pessoa. Em geral, a falta de resposta a essa pergunta alimenta o estigma, a vergonha e a dor de quem fica com dúvidas e questionamentos.

As respostas às dúvidas aqui descritas têm a principal missão de ajudar e acolher o sofrimento existencial das pessoas, para que elas possam viver com dignidade em momentos de solidão, abandono, desesperança e incertezas.

Optei por publicar as perguntas sem revelar nomes ou localidades, para preservar as pessoas e tentar focar nas dúvidas que me eram apresentadas.

Desejo, de verdade, que estas páginas o ajudem a compreender melhor esse assunto e possam lhe trazer boas inspirações. Ao final delas, espero que você tenha um novo jeito de olhar a dor humana e a vida, e que descubra como dar ainda mais valor à própria vida.

Cuide da sua dor.
Essa é a melhor maneira de cuidar
daqueles que amamos
e com quem nos relacionamos.
Pense bem!

■ O que é o suicídio?

O suicídio pode ser definido como o ato de tirar voluntariamente a própria vida. A palavra "suicídio" deriva de dois vocábulos latinos: *sui* (si mesmo) e *caedere* (matar), ou seja, é o ato de matar a si mesmo.

O suicídio é um fenômeno multifatorial e complexo. A OMS o define como: "O ato voluntário de acabar com a própria vida, usando para isso um meio que a pessoa acredita que seja letal", e apresenta números alarmantes: mais de um milhão de pessoas se matam no mundo por ano, quarenta delas no Brasil; o suicídio é a segunda causa de morte entre adolescentes e jovens no país. Reflita: a cada quarenta segundos uma pessoa morre no mundo por suicídio e a cada três segundos acontece uma tentativa.

Estudos recentes de psicologia, psiquiatria e da própria suicidologia mostram que o suicida não quer acabar com sua vida, mas com o seu sofrimento, que, segundo alguns estudiosos, chega às raias do insuportável. Vou repetir, porque é importante que fique claro: o suicida não quer matar sua vida, mas sua dor.

O pai da suicidologia, o psicólogo americano Edwin Schneidman, afirma: "No psychache, no suicide" [Sem dor mental, não há suicídio].

▌Como prevenir o suicídio?

O suicídio pode ser prevenido. Gosto sempre de lembrar que o conceito de prevenção é no sentido de minimizar os riscos.

O primeiro passo para atuarmos na prevenção é ficarmos atentos aos sinais de risco; a grande maioria das pessoas que atentam contra a própria vida dá sinais, tanto em suas falas diretas, por exemplo: "Eu quero morrer", "Eu vou me matar", "Eu não aguento mais isso", "Se eu morrer tudo melhora", como também nas indiretas: "Eu estou pensando em fazer uma grande besteira", "Se isso acontecer de novo, eu acabo com tudo", "Eu não sou mais o mesmo". E tais falas são acompanhadas de mudanças comportamentais; por isso, é muito importante ficarmos atentos a elas, como: retraimento, isolamento, olhar distante e dificuldade de estabelecer contato, queda no rendimento escolar, faltas no trabalho, mudança de humor, irritabilidade, pessimismo, apatia, mudanças na rotina de sono. Diante disso, é essencial avaliar os riscos.

Segundo passo: chamar a pessoa para conversar e ouvi-la com amor, com carinho, com afeto, sem julgar, sem condenar, sem despejar discursos religiosos, inclusive. Ser capaz de acolher a dor do outro, sem nunca desqualificá-la com frases do tipo: "Você está querendo se matar por causa disso?", "Mas você tem tudo!". Para quem está de fora pode parecer uma bobagem, mas para quem sente, dói muito. Então, nunca faça comparações entre dores: "Você está querendo se matar por causa desse sofrimento? E as crianças que estão com câncer?". Dor não se compara. Só sabe o tamanho e a intensidade da própria dor aquele que a sente. Portanto, o segundo passo importante na prevenção de suicídio é ser capaz de acolher a dor do outro.

O terceiro passo é não ficar indiferente ou paralisado diante de informações sobre desejos suicidas, ou seja, incentivar a pessoa a buscar ajuda ou mesmo conduzi-la a um serviço de saúde mental, como o Centro de Atenção Psicossocial (CAPS), por exemplo, ou a um profissional de saúde mental, como um psicólogo e/ou psiquiatra. Isso porque uma pessoa sem esperança, muito fragilizada ou com depressão, por exemplo, muitas vezes não tem condições ou iniciativa própria para procurar auxílio; nesses casos, é importante se colocar à disposição e acompanhá-la.

Essas são algumas dicas de atitudes que podem prevenir e até mesmo salvar a vida das pessoas com comportamento suicida.

Não podemos perder a esperança.
Prevenir é salvar.
Salvar uma pessoa que pensa
em tirar a própria vida
talvez não mude o mundo,
mas com certeza
o mundo mudará completamente
para essa pessoa.

Sinto uma vontade intensa de me matar há alguns anos, mas agora ela aumentou muito e eu não estou aguentando. O que fazer?

O comportamento suicida é autodestrutivo e vai se instalando no indivíduo no decorrer do tempo. Ele é constituído por quatro etapas:

1. Ideação suicida: a pessoa sente uma dor imensa na alma e não vê saída. Começam a surgir pensamentos recorrentes de tirar a própria vida. Se a pessoa não buscar ajuda nesta fase, ela evolui para o segundo estágio do processo.

2. Planejamento: a pessoa não só tem pensamentos como também planeja a própria morte. Nesta fase ela costuma definir a forma, o possível local, o horário em que acontecerá. Não tratado, o quadro evolui para a terceira etapa do processo.

3. Tentativa de suicídio: na verdade, nesta fase a pessoa tenta executar o plano que traçou. Se obtiver êxito, o suicídio está consumado.

4. Suicídio: é o final do processo da pessoa em comportamento suicida, que não quis tirar sua vida, mas tirar a dor de sua alma.

O comportamento suicida, se não for cuidado, se não for tratado, evolui para estágios mais graves. Como uma doença, ele sempre evolui para um quadro pior. Então, a minha sugestão: não tenha medo de buscar ajuda, não se sinta frágil por buscar ajuda – seja em uma Unidade Básica de Saúde (UBS), para encaminhamento ao CAPS (cujo atendimento é gratuito, feito pelo SUS), seja com um profissional (psicólogo, psiquiatra), seja ainda em sua comunidade de origem. Se você não cuidar dessa dor, de fato, o processo vai evoluir para pior, infelizmente.

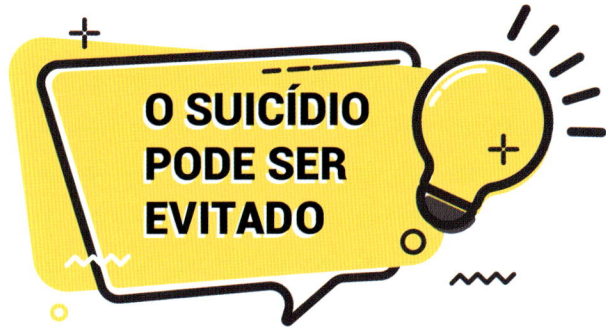

Em uma situação como a perda de um filho, é pecado pedir a Deus para que o tempo restante aqui passe rápido?

Não, não é pecado! Perder um filho é uma dor imensa. E você está pedindo, na verdade, para reencontrar seu filho o mais breve possível. Contudo, talvez a melhor saída seja, de fato, viver o luto, viver sua dor, e pedir a Deus força para continuar vivendo e para manter viva a memória do seu filho aqui. Você pode perguntar na sua oração: "Filho, você quer que eu morra para encontrá-lo ou quer que eu continue aqui para guardar viva a sua memória?". Que Deus conforte a sua dor!

O pecado só existe quando há a intenção de ofender a Deus, ao próximo e à natureza, o que não é o caso.

O desejo de reencontrar seu filho é legítimo. É o grande desejo de Deus por nós, está lá no Evangelho de Lc 15,11-32, na parábola do filho pródigo.

Fique tranquilo, não há pecado nenhum em querer o mais depressa possível que o tempo passe para esse reencontro e o encontro com o Senhor. O que deve manter você em pé é a esperança e a certeza desse encontro.

A esperança livra o cristão do medo, do desespero e da resignação.

Por fim, a esperança, alimentada pela oração, se reflete na paciência do "esperançar" e no compromisso de viver cada dia da vida com fé em Deus e no serviço fraterno aos outros (caridade).

A saudade só existe porque permanece o amor.

Quero ajudar pessoas que passaram por momentos difíceis. O que posso fazer?

No geral, você pode ajudar estando afetivamente próximo, buscando ser solidário. Podemos ajudar as pessoas naquilo que de fato elas precisam, e não naquilo que imaginamos que elas necessitam.

Para começar, pergunte: "Como posso ajudá-la?". Diga: "Eu estou aqui" e deixe que a pessoa fale o que precisa. E, a partir daí, coloque-se à disposição.

A seguir, reze pela pessoa.

Por fim, se não for possível ajudar sozinho, tente formar um grupo para ajudar verdadeiramente a pessoa que sofre.

Uma atitude importante é sinalizar para a pessoa que você está disponível a ajudá-la. Na minha experiência pessoal, um toque e uma palavra afetiva ajudam muito. Dou alguns exemplos: quando encontrar com a pessoa, toque nela e diga uma frase, como: "Eu estou aqui para o que você precisar", "Eu te amo", "Você é muito importante", "Não sofra sozinha, estamos juntos". Essas frases, aliadas ao toque afetivo, sinalizam para a pessoa que você está vendo o sofrimento dela, está preocupado com ela e disponível a ajudar na hora que ela quiser.

Outra possibilidade interessante é fazer um serviço voluntário. Pergunte-se sobre sua disponibilidade para ajudar – em outras palavras, quais dons você possui e gostaria de oferecer: ouvir, cuidar, olhar, fazer serviços de limpeza, cozinhar… Depois, buscar uma instituição e iniciar o trabalho voluntário. Isso fará muito bem a você e ao próximo!

Um conselho ou dica para a família que tenta esconder o suicídio por vergonha

Muitas famílias têm vergonha de falar do suicídio de um ente querido por causa do estigma social, e também porque significa cutucar de novo a dor da ferida. Por isso, elas não falam para se preservar tanto do estigma social – "Ahhh... morreu alguém! Essa família não deu conta dessa pessoa" – quanto da dor.

Esta é minha dica: estar próximo e motivar a família a falar sobre suicídio. Ter coragem de dizer sem culpa: "Nós perdemos esse ente querido, ele morreu por suicídio, porque não suportou conviver com a própria dor".

Como ajudar uma pessoa que já tentou suicídio várias vezes?

Estudos mostram que, realmente, a pessoa que tentou suicídio apresenta um risco grande de tentar uma segunda vez. Por essa razão, penso que a primeira coisa a fazer é rezar pela pessoa, pedir a Deus por ela, para que não caia na tentação de uma nova tentativa. Outra dica para ajudá-la é estar próximo afetivamente, o máximo possível, e sempre motivá-la a cuidar de si mesma e das suas dores de alma.

Nos casos em que se considera alto o risco de uma nova tentativa de suicídio, é importante nunca deixar a pessoa sozinha e, sempre que possível, acompanhá-la e ajudá-la no tratamento, levando e participando das sessões de psicoterapia, e seguindo as orientações dadas pelo psicólogo e/ou psiquiatra.

Importante: fique atento e observe se essa pessoa, quando for o caso, está tomando a medicação indicada (de maneira correta), de acordo com tratamento prescrito pelo psiquiatra.

A tendência ao suicídio é genética ou psicológica?

Não, não é genética! Fatores psicológicos, associados a outros problemas – familiares, sociais, consumo elevado de álcool e drogas, abuso sexual na infância ou na adolescência, por exemplo –, e transtornos mentais podem potencializar o risco ao suicídio. Mas é importante que fique claro: o suicídio não é uma tendência transmitida geneticamente. Entretanto, estudos epigenéticos[2] mostram que o comportamento dos pais ou cuidadores pode influenciar as gerações futuras.

---

[2] A epigenética é a área da biologia que estuda modificações no genoma herdadas pelas próximas gerações, que não são causadas por alterações na sequência do DNA (Wikipédia).

A bipolaridade é pior que a depressão, em termos de suicídio?

Tanto o transtorno afetivo bipolar quanto a depressão são doenças psiquiátricas que estão entre as mais incapacitantes do mundo. No entanto, tudo vai depender da intensidade com que se manifestam para que o médico psiquiatra possa avaliar a gravidade de cada uma delas.

Desse modo, não dá para afirmar qual transtorno mental é pior para o risco de suicídio, porque depende da alta intensidade dos sintomas do transtorno emocional. Então, por exemplo, entre uma bipolaridade leve e uma depressão profunda, o risco maior é na depressão profunda. Mas é impossível assegurar isso.

Importante: como já dissemos, dor não se compara. Na verdade, é exatamente essa dor insuportável que o indivíduo sente, e em razão da qual implora por socorro, que o impulsiona para o suicídio.

Como notar os próximos comportamentos suicidas?

O suicídio é um mal silencioso que, na maioria das vezes, pode ser evitado. Portanto, atente-se a dois grandes sinais de comportamento suicida:

1. *Observe mudanças comportamentais*: a pessoa "comia um prato de caminhoneiro" e agora não tem apetite, se sacia rapidamente; diz que é muito bom dormir, vive muito triste, se enfastia com tudo.
2. *Dê atenção às falas anormais*: a pessoa passa a repetir muito as seguintes frases: "Eu quero morrer", "Eu vou me matar", e também dá indiretas, como, por exemplo: "Estou pensando em fazer uma grande besteira", "Se isso acontecer, acabou tudo".

Atenção: dê a devida importância a atitudes que unam sinais de fala e mudança de comportamento.

O que nos falta para uma educação afetiva mais robusta?

Eu penso que isso é uma questão de política pública educacional. A política pública brasileira investe totalmente na produção tecnológica de conhecimento científico nas escolas, o que contribui muito para a falta de uma educação afetiva na área de humanas, em matérias como filosofia, ensino religioso, psicologia, as quais poderiam, de verdade, nos humanizar mais e fazer com que busquemos nos relacionar melhor uns com os outros.

As almas que cometeram suicídio ficam vagando por aí?

Não! A nossa Doutrina Católica diz que, no momento da morte, nossa alma se apresenta diante de Deus para um juízo particular. Será apenas nós e Deus. A Doutrina da Igreja é muito clara nessa questão, enunciando que, quando alguém morre, imediatamente acontece o seu julgamento pessoal, particular; julgamento esse com três destinos possíveis: o céu, o inferno ou o purgatório. É sempre bom lembrar que o purgatório não é um destino definitivo, nem um lugar, mas um período de purificação que a alma deve passar para alcançar o acrisolamento. Posteriormente, a alma poderá ir para o céu.

O Catecismo da Igreja Católica (n. 1.022) afirma que: "Cada homem recebe em sua alma imortal a retribuição eterna a partir do momento da morte, em um juízo particular que coloca sua vida em relação à vida de Cristo, seja por meio de uma purificação, seja para entrar de imediato na felicidade do céu".

Como diz São João da Cruz: "No entardecer de nossa vida, seremos julgados sobre o amor".

Escreva aqui sua oração para ajudar as pessoas a vencerem os riscos de suicídio.

_____
_____
_____
_____
_____
_____
_____
_____
_____
_____

Senhor, eu agradeço por vosso socorro a todos os desolados, familiares e amigos que perderam uma pessoa amada por suicídio. Confio que em breve todos poderão manifestar em seus corações a grandeza das vossas obras. Amém.

▍Que tal reconciliar-se consigo mesmo?

O primeiro passo para ter uma vida emocionalmente saudável é perdoar-se. O perdão o libertará de maus sentimentos como rancor, raiva, vingança, entre muitos outros que desencadeiam danos físicos e psíquicos.

Deus perdoa aqueles que desejam morrer?

As pessoas que desejam se matar não têm vontade de pecar contra o quinto mandamento da Lei de Deus (não matar nem causar outro dano, no corpo ou na alma, a si mesmo ou ao próximo). Elas não querem matar suas vidas, mas querem matar suas dores. E, por não estarem inteiras psicologicamente para ter discernimento sobre essa questão, Deus pode perdoá-las, sim.

A Doutrina da Igreja Católica sobre o suicídio está contida em uma Declaração sobre a Eutanásia, da Sagrada Congregação da Doutrina da Fé, de 5 de maio de 1980, que, no item I, aborda o valor da vida humana, ao afirmar:

1. Ninguém pode atentar contra a vida de um homem inocente, sem com isso se opor ao amor a Deus para com ele, sem violar um direito fundamental que não se pode perder nem alienar, sem cometer um crime de extrema gravidade.
2. Todo homem tem o dever de conformar sua vida com a vontade de Deus. A vida lhe é confiada como um bem que deve fazer frutificar já neste mundo, mas só encontrará perfeição plena na vida eterna.
3. A morte voluntária ou o suicídio, portanto, é inaceitável, assim como o homicídio: porque tal ato da parte do homem constitui uma recusa da soberania de Deus e do seu desígnio de amor. Além disso, o suicídio é, muitas vezes, rejeição do amor para consigo mesmo, negação da aspiração natural à vida, abdicação diante das obrigações de justiça e caridade para com o próximo, para com a comunidade e para com todo o corpo social – se bem que, por vezes, como se sabe, intervêm condições psicológicas que podem atenuar ou mesmo suprimir por completo a responsabilidade.

Outra fonte importante para conhecermos a Doutrina Católica é o *Catecismo da Igreja Católica*. O Catecismo trata do suicídio nos números 2.280 a 2.283, os quais cito para responder à questão:

2.280 – Cada um é responsável por sua vida diante de Deus, que lhe deu e que dela é sempre o único e soberano Senhor. Devemos receber a vida como reconhecimento e preservá-la para a honra dele e salvação de nossas almas. Somos os administradores, e não os proprietários da vida que Deus nos confiou. Não podemos dispor dela.

2.283 – Não se deve desesperar da salvação das pessoas que se mataram. Deus pode, por caminhos que só ele conhece, dar-lhes ocasião de um arrependimento salutar. A Igreja ora pelas pessoas que atentaram contra a própria vida.

Aqueles que desejam morrer, de verdade, não querem morrer; querem e desejam acabar com seu sofrimento, com a dor de sua alma que, para eles, é insuportável. E, por isso, não podemos perder a esperança de que Deus as perdoe!

Existem pecados imperdoáveis? Se sim, quais são eles?

Segundo o Papa Francisco, "não existe pecado que Deus não possa perdoar, desde que a gente se arrependa deles e peça perdão". Então, todos os pecados podem ser perdoados. Deus pode perdoar todos os pecados, exceto um. A Bíblia diz que a blasfêmia contra o Espírito Santo (Mt 12,31-32), que pode significar a rejeição total e contínua de Deus, é o único pecado que não tem perdão.

Mas o que é blasfemar contra o Espírito Santo? São João Paulo II, em sua Carta Encíclica *Dominum et vivificantem*, explica que, mediante a presença do Espírito Santo, o homem recusa-se a aceitar a salvação que é ofertada por Deus, e isso não tem como ser perdoado.

Há algum fundamento na história de que depressão é genética?

Existem alguns casos que podem ser predisposição genética, sim. Geralmente, é causada por uma vulnerabilidade biológica hereditária. Contudo, é importante que entendamos que essa herança genética não é um fator determinante para se desenvolver a doença. Apesar disso, se isso ocorrer ao longo da vida, fatores adicionais como estresse no trabalho, na escola, *bullying*, entre outros, também devem ser avaliados.

O estresse, em geral, é um fator de alerta para quem tem propensão genética. Ele pode contribuir para o aparecimento da doença; porém, assim como a diabetes, você pode ter uma inclinação genética e não desenvolver a patologia.

Importante: com tratamento profissional, somado ao apoio familiar e da rede de amigos, certamente você (ou alguém) conseguirá atravessar esse período de forma mais rápida, impedindo que o caso se agrave.

DEPRESSÃO NÃO É UMA PIADA.
ALGUÉM PODE ESTAR SORRINDO POR FORA
E, POR DENTRO, ESTAR MORRENDO.

Como posso me ajudar? Tenho ansiedade generalizada e queria saber o que posso fazer?

A primeira coisa que você pode fazer, como algumas vezes já indiquei neste livro, é buscar ajuda profissional. Busque um psicólogo e inicie uma terapia. Se o psicólogo indicar, busque também um psiquiatra. Se você não tiver condições financeiras, procure o CAPS para atendimento desse tipo de transtorno de ansiedade.

Outra sugestão: faça coisas que gosta, que lhe dão prazer, que o acalmam, como ouvir música, rezar, tomar chá, fazer tricô, caminhar, dançar, entre outras coisas que lhe façam bem. Sorria! O riso faz bem para o processo de cura emocional, relaxa e diminui a ansiedade.

O suicídio pode estar ligado a questões familiares?

Fatores familiares como desemprego, separação conjugal e falta de expectativas podem desencadear o sentimento de rejeição, que, por sua vez, pode se associar ao despertar de um comportamento suicida.

Ninguém gosta de ser rejeitado, de não ser aceito ou de não se sentir mais amado pelo par amoroso, por amigos, colegas de trabalho ou parentes. Esse é um dos piores sentimentos que certamente, todos nós, um dia, experienciamos ou experienciaremos ao longo de nossa vida. Todavia, é importante ficar claro que a vida é composta de ciclos com começos e recomeços, e que todo final de ciclo é doloroso. Mas o imprescindível mesmo é aprender a lidar com essa sensação de rejeição para não nos tornarmos defensivos e magoados.

Vale lembrar que o suicídio é um fenômeno complexo e multifatorial e não decorre de uma causa única.

Músicas podem ajudar a combater pensamentos suicidas?

Sim, todas as atividades que busquem diminuir o estresse e a ansiedade colaboram para a diminuição dos pensamentos suicidas. Praticar atividades que lhe dão prazer, como ouvir música, dançar, participar de um grupo de convivência, fazer meditação, fazer leitura orante por meio da Palavra de Deus, entre outras atividades, nos trazem calma, reduzem a ansiedade, o estresse, e colaboram para que os pensamentos suicidas diminuam.

Minha namorada perdeu o emprego, a bolsa de estudos, se isolou e deu um tempo no namoro. Devo ficar alerta?

Deve sim! Observe que ela teve uma série de perdas. Ela perdeu o emprego, a bolsa de estudos. Então, ela está, na verdade, vivendo um processo de luto. Porque, quando perdemos algo, enlutamos e ficamos tristes. E, provavelmente, esse estado de luto é o que a levou a se isolar e a pedir um tempo no namoro. Por isso, você deve ficar alerta, sim.

Observe, nesse sentido: se esse luto ficar muito exagerado, se persistir por muito tempo e começar a atrapalhar a vida dela, é hora de ajudá-la a buscar auxílio profissional de um psicólogo ou médico psiquiatra.

SE A DOR DO LUTO ESTIVER INSUPORTÁVEL,
NÃO TENHA VERGONHA
DE PEDIR E BUSCAR AJUDA.
NINGUÉM PRECISA SOFRER SOZINHO!

Como ajudar e não ser refém de uma pessoa que toda hora diz querer se matar?

A pessoa com comportamento suicida, às vezes, oscila entre esse papel de vítima e de agressor. Portanto, ela pode de alguma maneira falar o tempo inteiro que está pensando em se matar, quando, na verdade, só está querendo expressar a sua dor de alma através da agressão. E, por isso, há essa fala repetidamente. Como ajudar? Você pode ajudar estando por perto. Promova conversas respeitosas, empáticas e compreensivas. É fundamental que ela perceba que não está sozinha. Mas não caia na armadilha de se sentir responsável por essa pessoa. A decisão de se cuidar é dela. E mesmo que, eventualmente, ela se mate, você não tem culpa nenhuma disso.

E sempre recomende que busque ajuda psicológica ou psiquiátrica.

Como catequista, como posso ajudar um jovem que percebo ter tendências suicidas?

Eu costumo dizer assim: você tem que estar próximo. Você já ouviu falar muitas vezes "estar próximo afetivamente", ou seja, dizer e sinalizar para esse jovem que você está disposto a acolher a dor dele. Na minha experiência pessoal, sei que é necessário encontrar a palavra certa para manter o controle, como: "Eu estou aqui, pode contar comigo. Se precisar de ajuda, eu estou junto com você", para ele poder se abrir e, quando isso acontecer, você de fato poder ajudá-lo, acolhendo a dor dele e tentando encaminhá-lo para um acompanhamento profissional, além de acompanhá-lo também com sua oração.

O suicídio é uma questão de saúde e tem a ver com a qualidade de vida?

A OMS define saúde como "um estado de completo bem-estar físico, mental e social, e não somente ausência de enfermidades". Podemos entender o conceito de saúde da OMS relacionado com a qualidade de vida; portanto, com questões físicas, tais como: alimentação, qualidade e quantidade de sono diário, presença de dor, e com questões emocionais e psicológicas, como traumas, sentimentos negativos, dores emocionais, sofrimentos psicológicos. Está relacionada também com questões de segurança física, disponibilidade de recursos financeiros, dependência do uso de remédios, além de outras que envolvem moradia, opções de lazer, transporte, educação e, até mesmo, o aspecto espiritual.

Em 2015, na Cúpula de Desenvolvimento Sustentável, realizada na sede da ONU em Nova York, os 193 países-membros das Nações Unidas adotaram a Agenda 2030 para o Desenvolvimento Sustentável, a qual inclui os chamados Objetivos de Desenvolvimento Sustentável (ODS).

Os ODS abordam diferentes temas, entre os quais se destaca o ODS 3, que trata de saúde e bem-estar. De acordo com esse ODS 3, os países deverão assegurar, até 2030, uma vida saudável e promover o bem-estar para todos, de todas as idades. Entre suas metas estão:

- ▶ reduzir as mortes evitáveis de recém-nascidos e de crianças menores de cinco anos;
- ▶ reduzir a taxa de mortalidade materna;
- ▶ acabar com epidemias como Aids, tuberculose, malária e doenças tropicais negligenciadas, e combater a hepatite, doenças transmitidas pela água e outras doenças transmissíveis;
- ▶ reduzir a mortalidade prematura por doenças não transmissíveis;

- ▶ reforçar a prevenção e o tratamento do abuso de substâncias, como drogas entorpecentes;
- ▶ reduzir acidentes nas estradas;
- ▶ atingir a cobertura universal de saúde;
- ▶ reduzir o número de mortes e doenças causadas por produtos químicos e poluição.

Como se vê, muitas coisas ainda precisam ser feitas para se alcançar tais objetivos. Isso depende de ações governamentais e de políticas públicas, mas também de cada um de nós e da mobilização da sociedade como um todo.

O seu futuro e o futuro da humanidade são consequências das decisões que você toma, das prioridades que você escolhe e também da maneira como você vê a vida e a enfrenta.

Existem muitas questões sem resposta que nos assombram e nos atormentam. Quem sou eu? Sobreviverei? Que sentido tem tudo isso? O que devemos fazer? Como será o fim de minha vida? As respostas a estas perguntas são difíceis de ser encontradas, porque, no fundo, no fundo, elas não estão nas outras pessoas, mas dentro de nós mesmos. A vida é o dom e o maior presente que Deus nos deu, e, quando a recebemos, também ganhamos a possibilidade de decidir o que fazer com ela.

Qualquer experiência pode ser vista de ângulos diferentes. Grande parte de nós conhece pessoas que, embora tenham vivido situações semelhantes, perceberam a situação de maneira muito diferente. Por exemplo, enquanto algumas pessoas que foram demitidas do emprego deram muito valor à perda da segurança e se lamentaram, outras viram a demissão como uma oportunidade de empreender e ter o próprio negócio. A forma como se vive e se sente os acontecimentos é uma questão de perspectiva.

Pesquisas sobre a qualidade de vida revelam que a satisfação está relacionada às experiências que temos com nossa família e amigos, ou seja, às relações afetivas que mantemos com aqueles que participam regularmente da nossa vida.

Para ser feliz não é necessário ter sucesso em tudo que se faz, mas é essencial ter o maior controle possível sobre a própria vida (do ponto de vista físico, mental e espiritual). Aqueles que se cuidam e assumem as consequências das próprias decisões – "seguram as rédeas da própria vida" –, sentem-se um terço mais satisfeitos e realizados do que aqueles que não acreditam ser tão importante o conceito de cuidar da saúde, entendida como cuidado de si mesmo e cuidado com os outros.

A qualidade de vida é, portanto, um conceito bastante complexo e, como podemos ver, está relacionado diretamente com os conceitos de saúde e de bem-estar. Falar de saúde é falar de vida, e falar de vida é falar de saúde. Um conceito está intimamente relacionado ao outro.

Sim, o suicídio é uma questão de saúde pública e tem muito a ver com a qualidade de vida da população.

As relações que terminam mal podem desencadear pensamentos suicidas?

Não necessariamente, embora aconteçam casos de feminicídio seguidos de suicídio. Agora, relacionamentos tóxicos podem nos fazer sofrer muito.

O ser humano foi criado por Deus para se relacionar: "Não é bom que o homem esteja só" (Gn 2,18).

Falar de relacionamentos não é uma tarefa fácil. Muitas vezes nas relações com o outro enfrentamos situações que nos levam à decepção, pois criamos expectativas de cumplicidade e esperamos que o outro nos respeite em nossas dores. Contudo, nem sempre essa expectativa é atendida. Aquele que se sente traído tem dificuldade de acreditar e confiar no outro novamente, e, muitas vezes, pode até adoecer. A desarmonia relacional tem início em um emaranhado de sentimentos que provoca dúvidas sobre estarmos no caminho certo. Todos os sentimentos nos permitem aprender quem somos e, portanto, merecem um olhar cuidadoso, principalmente porque é nosso dever dar hospitalidade a todos eles, sejam bons ou maus.

Todos queremos ser amados. O problema é que nem sempre sabemos procurar onde e por quê. Quantas vezes mendigamos o amor dos outros? Quantos de nós nos enganamos e nos traímos ao buscar o amor alheio e a ilusão de sermos amados?

Não permaneça em um relacionamento
no qual você não é respeitado.
Não permita ser manipulado.
Relacionamentos tóxicos aprisionam.
Voe alto!

▌O que é um relacionamento tóxico?

É um relacionamento que nos faz mal, que nos desumaniza. Contudo, infelizmente, alguns vivem tais relacionamentos com pessoas que acabam lhes fazendo mais mal do que bem. Mas nunca é só mal, por isso existe a relação. As principais características dos relacionamentos tóxicos são:

- ▶ criam uma relação de controle e dependência, sobretudo emocional e afetiva;
- ▶ causam mal-estar ao próximo;
- ▶ desvalorizam o parceiro;
- ▶ ofendem;
- ▶ não respeitam as necessidades do outro;
- ▶ praticam ações egoístas e impensadas;
- ▶ revelam atitudes grosseiras e mesquinhas, e ações violentas por meio de palavras, xingamentos e até violência física.

Algumas pessoas têm dificuldade de identificar que estão em uma relação doentia, tóxica, que faz mal, e outras não, porque a relação não é só feita de momentos ruins. Às vezes as pessoas riem juntas, assistem a filmes juntas; o agressor dá migalhas de amor, e a pessoa se apega a isso e vive um conflito interno muito grande. Normalmente também o agressor costuma se sentir culpado e compensa sua vítima com atenção e carinho redobrados em outros momentos, o que leva a dúvidas se a relação é boa ou realmente ruim.

É por isso que a pessoa que vive uma relação tóxica tem muita dificuldade de sair dela, de respeitar os próprios limites, e acaba sempre, ou na maioria das vezes, cedendo à vontade do outro e permanecendo na situação.

Há pessoas que vivem uma vez ou outra relações complicadas; porém, logo que identificam o padrão negativo do outro, se afastam. Mas há outras que têm como padrão relações desse tipo. O perfil das pessoas que insistem em relacionamentos nos quais não são valorizadas e, muitas vezes, em que sofrem abusos físicos e morais é:

- submissão;
- desvalorização pessoal;
- foco no *status* de ter uma relação custe o que custar, por medo do abandono, da dor da separação e da solidão.

Agora, há o outro lado: o perfil do agressor precisa ser conhecido. Normalmente é alguém com domínio da situação e da relação de vivência traumática. Muitas vezes, está apenas reproduzindo outro trauma. Em geral, é:

- dominador;
- altamente manipulador;
- controlador;
- agressivo.

Existem formas de lidar com a situação. Se você está vivendo uma relação tóxica tente:

- aprender a se impor;
- saber o que você quer;
- dar valor a si próprio;
- respeitar a si mesmo e ao próximo;
- gostar de si próprio e de quem gosta de você.

Se nada disso funcionar, uma forma de lidar com esse tipo de pessoa tóxica, agressiva e manipuladora é se afastar, romper a relação e buscar ajuda. Sempre haverá alguém que o ama e estará disposto a ajudá-lo.

Para mudar é preciso buscar ajuda profissional; procure um profissional de saúde mental (psicólogo e/ou psiquiatra), assistência jurídica e, se for o caso, participe de algum programa de proteção de vítimas.

Não tenha medo nem vergonha de buscar ajuda, pois, durante esse processo, você poderá entender seus padrões comportamentais e evitar novas armadilhas. Por isso, é importantíssimo cuidar de si mesmo.

Muitas vezes queremos que os outros preencham vazios que há em nós mesmos, vazios que ninguém preencherá a não ser Deus.

Não há absolutamente nada que eu possa fazer pelo outro se não fizer a mim mesmo primeiro; não é possível amar, cuidar, proteger, servir, perdoar o outro, se eu não fizer a mim mesmo primeiro. É preciso primeiro cuidar de si para cuidar do outro.

É nessa busca que o cuidado de si mesmo desempenha uma função decisiva, especialmente em um momento dramático, quando estamos expostos a um inimigo que nos oprime e que, em alguns casos, nos pode matar. O cuidado de si nada mais é que estar vigilante sobre si mesmo, sobre o que se sente, identificando os nossos sentimentos, aquilo de que verdadeiramente necessitamos. Não é um olhar narcísico sobre si mesmo, mas sim um olhar compassivo e atento para consigo mesmo e as próprias necessidades.

"O cuidado é uma arte." Como pertence à essência do humano, o cuidado sempre está disponível. Tudo o que vive, precisa ser alimentado. Assim, o cuidado se alimenta de ternura e de vigilante preocupação pelo futuro de si próprio e especialmente do outro.

Todo ser humano ao nascer tem necessidade de: aconchego, afeto, ternura, compaixão proteção; em uma palavra, amor.

"Quem cuida ama, quem ama cuida." O cuidado é tudo, pois sem ele nenhum de nós existiria. O cuidado de si leva necessariamente ao cuidado do outro. Uma mãe só pode alimentar bem seu bebê se ela estiver alimentada. Cuidemos uns dos outros, para que possamos ser e ter relacionamentos nutritivos (relacionamentos que nos alimentem no corpo, na alma e no espírito). Esses são relacionamentos verdadeiramente humanos.

Escreva aqui o que o tem feito sofrer e quais atitudes tóxicas você nunca mais irá aceitar em sua vida.

_____
_____
_____
_____
_____
_____
_____

Como lidar com a morte de um ente querido que se matou?

A morte é algo natural. Você sabe que, ao nascer, terá também que morrer, mas mesmo assim a morte não é bem-vinda, pois rompe laços afetivos e é algo sem volta. São duas questões difíceis emocionalmente de serem vividas e assimiladas.

Morte e vida são palavras contrárias uma à outra, mas, na verdade, são intrínsecas. No entanto, o simbolismo de ruptura que a morte traz à vida é tão grande que muitos de nós vivemos a vida inteira sem querer tocar nesse assunto. Contudo, como é algo natural, durante nossa vida presenciamos muitas pessoas morrerem e, seja qual for a causa da morte, sempre há um ambiente de profunda tristeza.

Penso que "dor" seja a palavra que mais se encaixa ao recebermos a notícia do repentino rompimento de um vínculo: a morte de alguém que amamos muito. Depois da rasteira da informação recebida, o primeiro sentimento dolorosíssimo nos toma no âmbito emocional e racional. Tentamos buscar meios para compreender esse momento tão difícil: "Não acredito", "Como assim?", "Por que ele?", "E por que agora?". São muitos os porquês, cujas respostas (quando existem) não parecem fazer nenhum sentido.

Segundo Kubler-Ross (2005), o luto é um processo que tem algumas fases, como negação, raiva (e culpabilização), depressão e aceitação. Não passamos direto de uma fase para outra; muitas vezes, damos "um passo para frente e dois para trás". Portanto, o processo do luto não é linear, há intercâmbios, mas é importante para que possamos ressignificar a perda da pessoa que amamos.

No luto por suicídio, esse processo é um pouco diferente do de outras mortes repentinas. É inesperado, doloroso e chocante. A pessoa amada "morreu porque quis morrer", e nunca se saberá o porquê. Essa resposta morre com ela e gera elementos que podem potencializar e complexificar o luto. A tristeza, a incompreensão, a raiva, a culpabilização também fazem parte desse processo de ressignificação de enlutados, o qual é cercado por tantas dúvidas e sofrimentos que percorrem o âmbito do inominável. E essa revolta faz com que a dor do luto, nos casos que envolvem suicídio, seja ainda mais desafiante para ser elaborada.

Algumas questões são muito difíceis no luto por suicídio. Como já vimos, a primeira delas é: "Por que você fez isso?"; e depois: "O que fazer com a morte e o que fazer com a vida no mesmo instante, ambas ali, juntas?", "Como fazer para ajustar-se ao meio ao qual aquele ser único e amado não pertence mais?", "Como conviver com essa dor e esse vazio?", "Como continuar vivendo sem nunca mais vê-lo?".

Meu pai morreu por suicídio. Ele tinha 43 anos, eu 13. Sou filho único. Ele teve depressão. Um dia saiu de casa e se jogou debaixo de um caminhão.

A perda do meu pai, quando eu estava na adolescência, foi devastadora para mim e para minha mãe. Essas perguntas me corroíam e caminhavam junto ao fato de eu ser filho único e homem, ou seja, meu pai era meu herói, meu modelo de identificação (eu queria ser como ele), e sua morte repentina por suicídio nos levou a inúmeras perdas. Tivemos que mudar de cidade, e a sensação de orfandade me invadiu.

Meu sentimento tinha uma pergunta para ilustrá-lo: "Alguém me ensina a aceitar a realidade dos fatos?", "Eu não tenho mais pai, e por decisão dele mesmo". A tristeza era imensa, eu chorava muito, e foram muitos meses assim: dor, melancolia, raiva e uma grande decepção. Ao mesmo tempo, uma certeza invadiu a minha alma: "Algum dia a vida me mostrará o porquê disso tudo". Não sabia de onde vinha tanta certeza, mas ela estava presente dentro de mim.

Lembro-me de outra questão que me afligia muito: "Será que conseguirei viver com a saudade de momentos nunca vividos?". Via meus amigos jogando bola com seus pais, aprendendo a dirigir com eles, falando com eles sobre as mudanças no corpo e a descoberta da sexualidade. Eles tinham pai. Eu não. Isso aumentava a minha dor, a tristeza e a saudade.

Repeti de ano na escola, e era a primeira vez que isso acontecia comigo. Fiquei apático, não tinha vontade para nada, nem de brincar nem de estudar. Nada.

Fiquei assim por mais ou menos um ano inteiro. Depois, o tempo e o apoio da minha família foram me fazendo lidar melhor com a perda.

Eles me deram colo. E aqui penso que uma das ações fundamentais em posvenção em suicídio é essa: dar colo, aconchego, carinho e proteção. Acolher amorosamente a dor de alguém que perdeu uma pessoa amada por suicídio. Fui para terapia, anos depois, e pude viver e lidar com a morte prematura do meu pai de maneira mais madura.

O luto é quase uma morte momentânea para quem o vive. "Matamos" alguns afazeres cotidianos para viver uma tristeza, uma saudade, um processo de aceitação de continuar a vida sem uma pessoa querida. E, passado algum tempo, aos poucos, retornamos a nossa "vida habitual".

Entretanto, por mais triste que seja esse momento, vivê-lo é extremamente necessário para a qualidade da continuação da vida de quem fica.

O luto é um tempo de emoções muito doloridas, e esses fatos, muitas vezes, não são levados em conta. Tenta-se consolar os sobreviventes com frases como: "Ele agora está no céu descansando do seu sofrimento. Você não é cristão, católico? Não convém chorar por muito tempo. Isso daria um mau testemunho a respeito de sua fé". Para mim, a pior de todas é a seguinte: "Não chore, porque faz mal à alma do defunto".

Costumo dizer no meu trabalho pastoral como padre que, todas as vezes que me deparo com situações como essas, digo: "Chore sim. Você perdeu alguém que amava, tem todo direito de chorar, porém não se desespere".

Gosto de lembrar que até Jesus chorou, sentiu a dor humana do luto, da perda de um amigo querido (Lázaro), e chorou junto das irmãs do morto (Marta e Maria); uma família querida por ele e que naquele momento estava enlutada.

Quando morre alguém da família, um mundo de coisas desaba; primeiro, é a ausência da pessoa; depois, normalmente, não se fez testamento, e é preciso pensar com quem ficarão os filhos ou pais dependentes; e, por fim, não se pediu perdão por erros, não se disse uma última vez "eu te amo", ou "você é muito importante para mim". Uma série de emoções e problemas fica pendente.

> O vazio se faz sentir após o funeral, quando os parentes se retiram. É nessa ocasião que os familiares se sentiriam gratos se houvesse alguém com quem pudessem conversar, especialmente se esse alguém tiver tido contato recente com o falecido, podendo, assim, con-

tar fatos pitorescos dos bons momentos vividos antes dele morrer. Isso ajuda o parente a superar o choque e o pesar, preparando-o para uma aceitação gradual (KUBLER-ROSS, 2005, p. 182).

Não existe um tempo determinado para o luto. Devemos ser cautelosos quanto ao processo de luto, pois cada um reage de um jeito. Não dá para "encaixotar" as pessoas em uma única forma de agir. Penso que o primeiro ano poderá ser um período mais difícil para o enlutado, visto que nas datas comemorativas, como aniversário, Páscoa e Natal, Dia das Mães e dos Pais, revive-se a perda. O importante é ficar atento aos sinais e perceber se o enlutado tem algum movimento para a vida, para retomar sua rotina, mesmo que no tempo dele.

É sempre bom enfatizar que cada ser humano tem suas particularidades; então, é impossível estipular um tempo ideal de luto, mas alguns sentimentos como a tristeza profunda entram no âmbito patológico. Por outro lado, vivemos uma cultura de negação da morte e, portanto, na qual não cabe o luto, não se vivencia o luto, o que pode ser grave diante da avaliação de profissionais de saúde mental. Muitas vezes as pessoas não buscam superar a dor da perda, mas a encobrem, e o fazem, frequentemente, pela via do excesso: de medicação, comida, compras, religiosidade, entre outros.

No momento do luto, nossa relação com a fé vem à tona com muita força. Há quem questione Deus pelo acontecido; há quem tenha certeza absoluta de que Deus não existe, senão não deixaria tal fato (o suicídio) acontecer; e há os que se confortam na sua fé, afinal, Deus é onipotente, onisciente e onipresente.

Nestes meus muitos anos de vida sacerdotal, encontrei muita gente sofrida provada na fé e que a mantinha inabalável.

A espiritualidade e a experiência da fé são importantes não só para prevenção ao suicídio, como também para o conforto dos que ficam.

É Deus quem nos salva em seu amor. Não podemos salvar a nós mesmos.

Quem tem fé, crê na vida após a morte. Os cristãos, em geral, e os católicos, em particular, acreditamos que vamos para o paraíso encontrar definitivamente o Senhor. No entanto, ao menos por um instante, passamos por essa experiência da nossa morte e da morte das pessoas que amamos. A morte faz parte, ela é justamente a conclusão (desta vida terrena). Feliz daquele ou daquela que, quando o seu dia chegar, puder dizer: "Amei, conheci o verdadeiro amor. Minha vida, por mais fracassada que possa aparentemente ter sido, foi cheia de significado para mim e para os que amo. Daí por que deveríamos experimentar o Amor, que é o único que não morre. Somente o Amor ficará para sempre" (cf. 1Cor 13,13).

Essa força de conforto e compreensão que o amor traz fica à mercê quando a morte é por suicídio, pois não sabemos se a pessoa que se foi se deu conta do quanto era amada. Normalmente, a pessoa que atenta contra a própria vida é muito amada, mas sua dor intensa e insuportável não a faz se sentir assim. Por vezes, nós que ficamos, temos a sensação de que, quem se foi, não nos amava tanto, por isso quis partir. O luto por suicídio, portanto, é mais difícil. Por mais que tenhamos muita fé, as perguntas parecem não ter respostas nem pelo caminho espiritual nem pelo racional... É um conflito interno que ultrapassa nossas crenças e convicções racionais. É uma equação de variáveis sem uma resposta impressa em uma cartilha.

Se o seu luto está impedindo você de viver, não tenha medo nem vergonha de buscar ajuda. A terapia com um bom psicólogo e a direção espiritual com um bom padre que você confie podem ajudar muito.

Ouvi em uma de suas palestras que é importante vivermos a ternura. Como fazer isso?

Não é fácil falar de ternura. Corremos pelo menos dois riscos. O primeiro é ser mal compreendido por aqueles que confundem o sentimento de "ternura" com "sentimentalismo" e ser acusado de fazer romantismo. O segundo risco é o de ser olhado com suspeita por quem acha que a ternura é, por si só, um indício de imaturidade, confundindo ternura com fraqueza.

Gostaria logo de dizer que, ao contrário desses, penso que o verdadeiro sentido de ternura é exatamente o contrário. A ternura é força, sinal de maturidade e vigor interior, e desabrocha somente em um coração livre, capaz de ofertar e receber amor.

Cada pessoa nasce como ser-de-ternura. As necessidades de um recém-nascido (fome, sono, sede, proteção e segurança) são fruto de uma necessidade biológica, que requerem da mãe uma resposta de ternura, expressão de atenção, de cuidado solícito e de afeto. A criança tem necessidade vital das carícias da mãe e do contato com seu corpo, como também de leite e do alimento para viver. Seu olhar, seu sorriso ou choro são sinais de que a criança procura uma correspondência afetiva, e é um desastre quando essa falta.

É cientificamente comprovado como boa parte dos distúrbios psicológicos ou de socialização presentes no indivíduo deriva de vazios afetivos vividos nos primeiros anos de vida. Não é à toa que crescem assustadoramente as taxas de suicídio provocado pelo vazio existencial entre crianças e adolescentes.

A tomada de consciência de si mesmo e do mundo espelhará, quase sempre, o mundo afetivo no qual a pessoa foi inserida nas primeiras etapas do seu crescimento. A criança tem necessidade de um clima acolhedor, rico de afeto forte e maduro. Não basta nem mesmo que os pais falem de ternura; a questão é que a vivam, transmitindo-a às crianças por osmose, como o ar que se respira ou a linguagem que se adquire.

A ternura é um sentimento que se comunica à medida que é encarnado; não se ensina, se testemunha.

Um modelo disso é a parábola do bom samaritano (Lc 10,25-37), texto usado na Campanha da Fraternidade de 2020 da CNBB.

Todos conhecemos bem o relato: um doutor da Lei se aproxima de Jesus e o questiona: "Mestre, que devo fazer para obter a vida eterna?". Jesus pergunta o que está escrito na Lei. Depois de um momento, o doutor da Lei recita de cor o primeiro mandamento, acrescentado do amor ao próximo. Replica Jesus: "Respondeste bem; faze isso e viverás". Querendo se justificar, o doutor da Lei pergunta: "E quem é o meu próximo?". Então Jesus conta a parábola.

É interessante que, depois de ter relatado a brevíssima história, é o próprio Jesus quem pergunta ao doutor da Lei: "Qual dos três, em tua opinião, foi o próximo do homem que caiu nas mãos dos assaltantes?". "Aquele que teve compaixão do ferido." "Agora vai, e faze tu também a mesma coisa."

A conclusão é um programa de vida. Jesus não diz: "Agora que você sabe, pode ficar tranquilo". Ao contrário, Jesus afirma: "Agora vai, e faze tu também a mesma coisa".

Penso não ser exagerado dizer que, nessa parábola, temos a Carta Magna (a Constituição) da ternura como resposta ao discipulado de Jesus e a forma de atualização concreta do amor evangélico. Vejamos.

O próximo não tem um nome. Jesus o identifica com "um homem", o que equivale a dizer "cada pessoa" necessitada. Não por acaso, Jesus escolhe para socorrer esse homem um samaritano, alguém de raça inferior, pertencente a um povo com o qual os judeus não queriam ter nenhuma relação. A novidade do Evangelho é precisamente essa, a superação de barreiras. Se o samaritano tivesse considerado o homem ferido como israelita, não teria parado. Porém, ele avista ali um homem, e um homem em perigo de vida; se pertencia a outro povo, era irrelevante. O bom samaritano vai além das ordens morais e sociais; avista além das diferenças o ser humano igual a ele, por isso irmão.

O próximo requer uma ternura que implica risco. Socorrer o outro sempre implica algum risco. A estrada que descia de Jerusalém para Jericó era perigosa. Tinha cerca de trinta quilômetros de montanhas, cheia de curvas e lugares tortuosos, que pareciam muito propícios para uma emboscada. É muito provável que o sacerdote e o levita não quiseram parar para socorrer o homem porque temiam ser assaltados também. A pergunta que provavelmente se fizeram foi esta: "Se eu parar para ajudar este homem, o que poderá me acontecer?". O bom samaritano tem a coragem de inverter a pergunta: "Se não parar, o que lhe poderá acontecer?". Dois modos totalmente diferentes de raciocinar: os homens do culto centrado na preocupação com eles mesmos, com o eu pessoal; o samaritano orientado para o outro, com a coragem de empenhar-se em uma solidariedade generosa e perigosa.

O próximo é aquele do qual eu me faço "próximo". Os homens do culto (sacerdote e levita) consideraram que seria mais prudente continuar o caminho. O samaritano, ao contrário, não se deixa condicionar por esse tipo de "prudência", mas se detém e se envolve na situação do ferido: "Viu, sentiu compaixão e cuidou dele". Ele vê com um modo diferente de olhar: não vê o ferido pelo caminho como um estranho, mas como um "próximo" para servir com amor; amor que se faz solidariedade concreta. Não organiza um socorro à distância, não se afasta em busca de reforço, mas ele mesmo põe mãos à obra e pessoalmente medica, enfaixa as feridas, levanta o ferido, o carrega sobre seu animal e o entrega ao administrador da pousada. Há em todos esses gestos uma coparticipação, uma atenção pessoal que exprime a verdadeira ternura evangélica. Ele vai além do dever de justiça, sente necessidade de ir além. Não somente salva o ferido e o conduz à hospedaria, como também deixa dinheiro ao hospedeiro para que seja completamente curado. Sua ternura é verdadeiramente completa, genuína, autêntica, sem interesses nem meios-termos: é uma ternura de puro dom, gratuita, verdadeiramente amorosa.

É a essa ternura que Deus nos convida a viver; só assim estaremos verdadeiramente "amando o próximo" e "nos amando porque ele assim nos amou" (1Jo 11).

> A ternura não fala.
> A ternura ama!

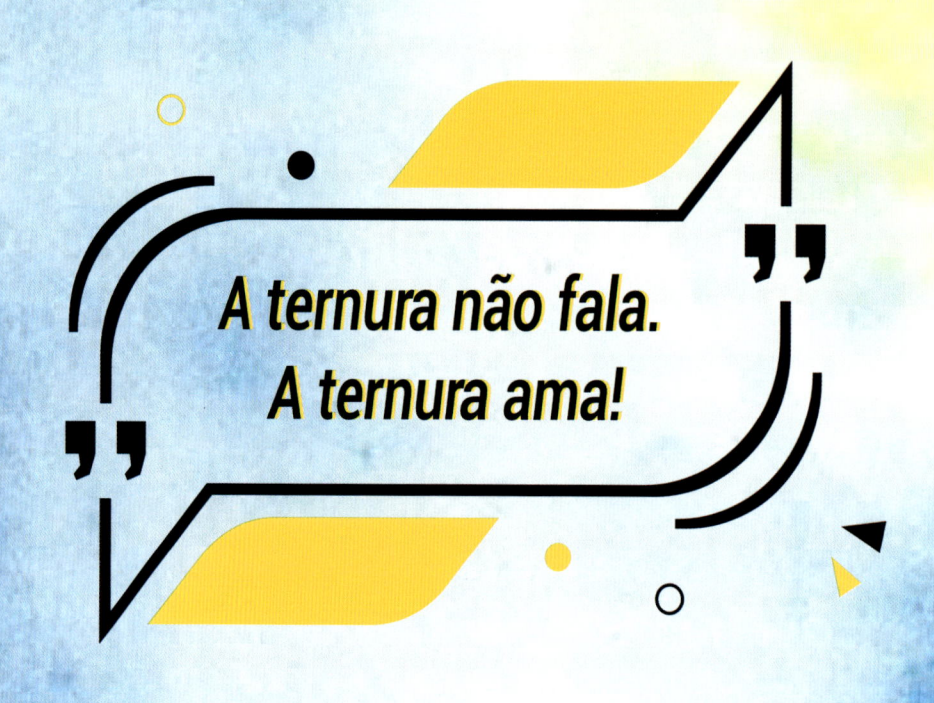

Uma das consequências da dor de alma é o vazio existencial, que leva muitos ao suicídio. O que fazer?

Segundo Viktor Frankl, neuropsiquiatra austríaco e fundador da Logoterapia e da Análise Emocional, o vazio existencial é consequência da frustração da vontade de sentido, da falta do sentido da vida.

Hoje, o maior fator de risco de suicídios entre adolescentes e jovens é o vazio existencial. Mas o que é exatamente o vazio existencial? Para entender o que é, primeiro precisamos compreender o que é o sentido da vida, porque, assim como Frankl nos diz, o vazio existencial é a falta do sentido da vida.

Nós cristãos temos um sentido universal, que é a busca pela santidade. Mas como descobrimos qual o sentido da nossa vida no dia a dia? O sentido da vida é único para cada momento.

O sentido é aquela experiência que faço quando me dou conta de que vale a pena viver por algo ou por alguém, dedicar-se, sair de si, doar-se. A essência da nossa existência é a autotranscendência, o sair de si e voltar-se ao outro. O sentido da vida é a própria vida, como nos é dada.

Muitas pessoas sofrem, caem no vazio existencial, porque buscam somente as consequências da chamada "felicidade"; a vontade pelo ter, a vontade pelo prazer e a vontade pelo poder.

Quando perdemos o sentido da vida ou não o buscamos, procurando diretamente as consequências da felicidade, isso nos frustra e vem o vazio, porque somos pessoas para realizar sentido.

A motivação principal da vida é a vontade de sentido, somos movidos pela vontade de sentido. Devemos ser fermento na massa, e não deixar viver como massa. Quando as coisas vão mal, se não fizermos o melhor que pudermos para melhorá-las, tudo será pior ainda, diz Frankl.

O subjetivismo relativista, sem normas, sem valores, fecha a pessoa no egoísmo, tornando-a prisioneira dos seus caprichos e prazeres, diz

Bento XVI. E vivendo prisioneira dos seus caprichos, vive também o vazio existencial.

Mas como sair do meu egoísmo e viver a autotranscendência, me abrir para o outro, olhar para fora? Realizando valores. Os valores se tornam reais na minha vida quando se tornam atos concretos, quando são vividos no dia a dia, e isso depende da nossa responsabilidade, da nossa resposta.

O chamado da vida nos permite realizar valores e, assim, encontrar sentido.

Valorar não é dar valor a algo, mas reconhecer que cada coisa tem seu valor, que cada coisa ou acontecimento vivido, bom ou ruim, é importante, porque me torna melhor.

Frankl dizia também que existem duas vias para encontrar o sentido da vida: ter alguém para amar e uma obra a realizar. Para ele, o sentido da vida não é algo pelo qual se deve perguntar, mas sentir.

Todos os dias podemos encontrar sentido para realizarmos algo para o outro. Em Lc 24,49, Jesus já nos avisava que a promessa de Deus Pai seria cumprida e que deveríamos ser obedientes e esperar o tempo de Deus, e então seríamos revestidos da força do alto. E assim revestidos por ela, mesmo com nossas dificuldades e limitações, podemos autotranscender, sair de nós mesmos e servir a Deus nos irmãos, combatendo, portanto, o vazio existencial.

Para muitas doenças existem remédios e vacinas, mas para a alma só existe o amor.

Não tenha vergonha de declarar e receber amor. Se permita experimentar algumas doses diárias para merecer a cura de suas dores da alma.

Tenho muita dificuldade de pedir ajuda. O que faço?

Desde 2017, quando lancei meu primeiro livro sobre o fenômeno do suicídio e passei a dar palestras pelo Brasil sobre prevenção e posvenção ao suicídio, tenho trabalhado diariamente com pessoas de várias idades que sofrem com alguma dor emocional (depressão, automutilação, bipolaridade, tentantes de suicídio, familiares que perderam entes queridos por suicídio etc.), e é significativo o número delas que se fecham em sua dor e têm muita dificuldade de pedir ajuda, com medo de incomodar, de dar trabalho, de ser julgadas, tentando vencer suas dores e problemas sozinhas.

A única coisa que você consegue se isolando e escondendo seus problemas é garantir que ninguém o ajude.

Quando estamos sozinhos, alguns problemas às vezes parecem insolúveis. Precisamos compartilhar nossos problemas e nossas dores com os outros, seja com aqueles de quem gostamos e em quem confiamos, seja com pessoas que enfrentaram ou enfrentam problemas semelhantes. Ao falar e ouvir o que os outros têm a dizer, as questões ficam mais claras e assumem sua verdadeira dimensão. O fato de sabermos que a pessoa com quem falamos participa de um grupo que também já viveu e superou uma dor ou problema semelhante pode criar em nós ânimo e força para enfrentarmos aquele momento. É possível que a solução encontrada pelo outro não nos sirva, mas certamente teremos mais facilidade e discernimento para encontrar a nossa.

Nos Estados Unidos, um grupo de homens com baixa autoestima e baixo nível de satisfação na vida foi submetido a uma experiência. Alguns foram apresentados a outras pessoas que viviam problemas semelhantes aos seus e outros foram deixados sozinhos, às voltas com suas dores e preocupações. Aqueles que interagiram com outras pessoas tiveram, com o tempo, suas preocupações reduzidas em cinquenta e cinco por cento, enquanto aqueles que foram deixados sozinhos não apresentaram nenhuma melhora. E em várias pesquisas semelhantes se chegou ao mesmo resultado.

Uma dor emocional é como uma dor física: em alguns casos, ela pode passar por si mesma, mas na maioria das vezes precisa ser tratada com métodos mais adequados, para não se tornar um problema maior.

A melhor maneira de lidar com um problema ou com uma ferida emocional é procurando alguém, um amigo, familiar ou profissional de saúde mental, como psicólogo, psiquiatra, ou um grupo que entenda como descobrir as causas do problema e a melhor maneira de solucioná-lo.

Acredito muito nisso: ninguém precisa sofrer sozinho, busque ajude! Faça um esforço de superação de si mesmo. Sempre haverá alguém que o ama e que estará disposto a ajudá-lo.

Sentir dor emocional não é fraqueza, vergonha ou falta de Deus no coração. Não tenha medo de pedir ajuda. "Falar é a melhor solução." Na vida precisamos uns dos outros.

Faça uma reflexão e escreva pontos a melhorar.

É verdade que existe relação entre a doença física e a mental?

É verdade sim. Somos um todo. Enquanto escrevo este texto, estamos ainda vivendo a pandemia de Covid-19 e as pessoas começaram a ser vacinadas.

Obviamente, nestes tempos difíceis de pandemia, com os medos, o distanciamento social, a eventual solidão e a sensação de abandono, os sofrimentos e os transtornos mentais potencializam o risco de que as pessoas possam estar em alguma fase do processo do comportamento suicida, que é longo e sofrido.

É importante lembrar que, como já vimos, o suicídio é o final de um processo de quatro etapas, chamado de "comportamento suicida". Estudos mostram que o suicida não quer matar sua vida, ele quer matar sua dor, porque não sabe mais o que fazer com ela; dor emocional, mental, dor de alma. Como ele não sabe mais como lidar com essa dor, começa a ter pensamentos recorrentes de morte, chamados tecnicamente de "ideação suicida", e a pensar em se matar. Nesse momento, já está em risco de suicídio. Isso evolui para a segunda etapa do processo, em que faz um plano de morte; nessa fase, decide a forma, o horário, o local em que acontecerá. Sai dos pensamentos para o planejamento, que, por sua vez, evolui para a terceira etapa, chamada de "tentativa de suicídio", a qual consiste em executar o plano traçado e, se obtiver êxito, o suicídio será consumado.

Falar de saúde mental é tocar em um assunto tabu. A população em geral não admite que possa sofrer de algum transtorno mental. Para superar o tabu, é importante entender de onde ele nasceu. O tabu nasceu da maneira como a saúde mental foi tratada no Brasil. Há cerca de quarenta anos, os pacientes eram internados em "manicômios" e isolados, para não perturbar os "normais"; a grande maioria era tratada com choques elétricos e o atendimento era feito por médicos psiquiatras e psicólogos. Por outro lado, devemos lembrar que a medicação psiquiátrica ganhou grande impulso e desenvolvimento somente nos últimos trinta anos.

Outra dificuldade é que normalmente separamos a saúde física da saúde mental. Somos um todo. Segundo médicos e pesquisadores, só é possível ter um corpo saudável quando a mente está sã, está bem.

Mens sana in corpore sano [Mente sã em um corpo são], como já dizia o poeta romano Juvenal, na sua *Sátira X*.

Um dos grandes exemplos da relação íntima entre saúde física e mental é que algumas doenças comuns, como desconfortos estomacais, alergias, gastrite, dores de cabeça, aumento das taxas de diabetes, tendem a aparecer quando a pessoa passa por alguma situação de estresse, de ansiedade, que abale o seu equilíbrio emocional. Esse processo também é conhecido como "somatização".

Para que você possa iniciar neste novo ano um processo de cuidado com a saúde física e mental, vou dar algumas dicas:

1. Cuide de si mesmo: o autocuidado é importantíssimo; ele deve ser constante e diário. Crie bons hábitos. "Você é aquilo que pensa", cuide dos seus pensamentos. Seja generoso com você.

2. Se "você é aquilo que pensa", você também é aquilo que come. Cuide da alimentação: tome muito líquido, água principalmente; reduza o consumo de sal, açúcar e de produtos industrializados; coma mais frutas e legumes, diminua o consumo de estimulantes, como café e refrigerantes.

3. Cuide do corpo: dê atenção a sua higiene corporal, faça trinta minutos de exercícios físicos e alongamento.

4. Reze: o hábito de rezar diariamente é importante porque nos relacionamos com Deus e intercedemos pelos irmãos. A meditação da Palavra de Deus ajuda na manutenção do equilíbrio, como também na concentração.

5. Durma: uma boa noite de sono com qualidade ajuda o equilíbrio da saúde física e mental.

6. Leia: crie o hábito de ler diariamente; vale jornal, revista, livros, a Bíblia.

Saiba que, criando esses pequenos hábitos, você estará cuidando de sua saúde física e mental.

Quero morrer. Ninguém me ama. Tenho direito de ser amado?

Nascemos com a sensação de desamparo. Ao sairmos do ventre de nossa mãe, desejamos nos alimentar. O bebê sente fome, mas não somente de alimento; deseja algo mais. Esse algo mais pode ser chamado de aconchego, proteção, afeto, ternura, carinho; em uma palavra, amor. Necessitamos de amor para crescermos saudáveis. Necessitamos de amor para nos constituir como pessoa humana, como ser, donos da nossa própria vida e da nossa própria história.

Entretanto, esse amor é sempre falho, sempre incompleto. Lembrei-me de um poema de Cora Coralina, que diz:

> Quando nasci, meu velho pai agonizava,
> logo após morria.
> Cresci sem pai,
> secundária na turma das irmãs.
> Eu era triste, nervosa e feia.
> Amarela, de rosto empalamado.
> De pernas moles, caindo à toa.
> Os que assim me viam, diziam:
> "Essa menina é o retrato vivo do velho pai doente".

O amor é falho porque os pais são falhos, incompletos e algumas vezes ausentes; ou até mesmo sofrem de alguns transtornos. Histórias de traumas, de ausências, de lágrimas. Crescemos e nos desenvolvemos em ambientes que nem sempre são suficientemente bons. Muitos de nós amargam carências ou traumas; tristezas ou desamparos; raivas guardadas ou perdas irreparáveis. No fim das contas, crescemos sempre correndo atrás desse algo mais que buscamos desde o início: o amor. E mesmo quando o encontramos, sempre percebemos que não nos tornamos satisfeitos, plenos, unos. Somos essencialmente insaciáveis, quebrados por dentro, frustrados, famintos.

O amor do qual necessitamos nos revela que temos necessidade do outro: o outro nos falta. E, para que amemos, é sempre necessário reconhecer e confessar essa falta. Só quando temos a consciência (sempre relativa, de um modo ou de outro) de que somos incompletos e que temos um coração vazio, prenhe de ser preenchido, nos tornamos realmente desejosos e utilizamos a linguagem para atrair, seduzir, deixar-se cair nas mãos, nos braços, no coração de quem queremos como companhia de nosso dia a dia, incluindo a parceria sexual. O amor é conquista. O amor sempre tem um componente sexual, mesmo quando se desloca e sublima-se em amizade ou em causas justas e nobres, sociais ou divinas.

Há ainda um aspecto importante e muito profundo do amor. Cada vez que buscamos ser amados, ou melhor, encontramos o amor, no fundo, no fundo, estamos desejando encontrar alguém que nos responda a pergunta mais importante e fundamental de nossas vidas: "Quem sou eu?". Amar é exatamente buscar o saber sobre si mesmo no outro. É o outro que eu escolho para me responder à pergunta que me faço desde o começo da vida. Porque, por nós próprios, nunca saberíamos quem somos. É o outro quem nos revela a nós mesmos. Tudo que sabemos sobre nós nos foi e nos é revelado pelo outro.

Saint-Exupéry, no clássico *O Pequeno Príncipe*, escreve que o essencial é invisível aos olhos. Sim, é. Aos nossos próprios olhos e aos olhos do outro. Por isso, a resposta a esta pergunta inquietante e que gera a necessidade de amar e ser amado só pode ser dada pelo coração. O mesmo autor vai dizer que só se vê bem com o coração. No entanto, como seres de linguagem e de cultura que somos, precisamos das palavras ou, se elas não podem ser ditas, de toques ou substituições. Só permanecemos em uma parceria amorosa enquanto acreditamos que temos ou teremos o reconhecimento do outro.

Eu gosto muito dos textos do psicanalista Jacques Lacan, que afirma em um de seus aforismos que amar é dar o que não se tem a quem não o quer. Porque não temos essa resposta para dar ao outro, uma vez que todos somos movimento e nunca seres estanques. Ele lembra que amar também é doar sua falta, seu vazio, sua incompletude ao outro. Só amamos quando nos damos por inteiro, quando baixamos a guarda, quando nos abrimos. Só há amor quando há entrega total de si mesmo.

Amar e ser amado, no entanto, é o desejo e, em certo sentido, a fantasia comum a todo ser humano, em qualquer tempo ou lugar. Podemos dizer que é um desejo universal. Precisamos dele para aguentar o peso terrível do cotidiano. Nada melhor do que o amor. Nenhuma defesa, nenhum semblante, nenhuma neurose ou outro sintoma substitui o amor em sua capacidade de levar o sujeito a inventar seu próprio estilo e a assumir seu modo de desfrutar e de cuidar de quem ama; a ser melhor para melhorar o outro. Embora o amor não seja feito apenas de palavras, é nas atitudes que ele se mostra.

Esse amor é sempre falho

"A dor transforma, o amor também."

Frase: Amanda Caroline Simas Mendes

O amor que tanto buscamos traz consigo uma nova percepção da vida, uma alegria e um desejo de viver únicos. Como já dissemos, um entregar tudo ao outro. A única condição é procurar ser transparente, dar tudo o que possui, liberando-nos de tudo aquilo que impede de voar alto, com a certeza de que o que se doa não se perde, mas é, antes, transformado em algo absolutamente mais precioso, como explica o grande poeta indiano Rabindranath Tagore:

> Andava mendigando de porta em porta ao longo da vereda da aldeia, quando tua carruagem dourada apareceu na distância como um magnífico sonho, e me perguntei quem seria este Rei de todos os reis!
>
> Minhas esperanças cresceram, e pensei que os dias tristes tivessem passado e fiquei à espera de dons não requeridos, de riquezas abundantes por toda parte.
>
> Tua carruagem parou perto de mim. Olhaste-me e desceste sorrindo. Senti que tinha chegado a fortuna da minha vida. Mas, improvisadamente, me estendestes a mão pedindo: "Que tens para dar-me?".
>
> Que gesto régio foi o teu!
>
> Estender a mão a um mendigo para mendigar!
>
> Fiquei indeciso e confuso.
>
> Depois tirei do meu alforje o menor grão de trigo e te ofereci. Mas qual não foi minha surpresa, quando, terminado o dia, esvaziei meu alforje por terra e encontrei um grãozinho de ouro no meu pobre acervo!
>
> Chorei amargamente e desejei haver tido a coragem de doar-te tudo aquilo que tinha.

O ser humano é necessitado de amor. Não nos contentamos apenas com o fato de existirmos. Precisamos da experiência de ser amados por alguém. Como já foi dito, quando nos sentimos amados, nos transformamos, resplandecemos.

Quando algum amigo percebe que estamos sendo amados, ou estamos amando alguém, soltam frases do tipo: "Você está mais bonito", "Você está diferente", "Você está com cara de quem está apaixonado".

O amor nos faz ser e não somente existir, quando nos transformamos e tudo se transforma ao nosso redor. As coisas ao nosso redor existem, mas só nós podemos amá-las. Se quisermos colaborar na redenção de alguém, precisamos amar esse alguém.

Thomas Merton, um grande monge trapista católico do século passado, costumava dizer: "O amor é nosso verdadeiro destino". Não encontramos o sentido da vida sozinhos – nós o encontramos com o outro.

Todos buscamos ser amados. O problema é que nem sempre sabemos onde procurar o amor que buscamos. Quantas vezes mendigamos o amor dos outros? Quantos de nós nos enganamos e nos traímos para buscar o amor dos outros e a ilusão de sermos amados?

Quando buscamos o pecado, na verdade, estamos indo buscar nele alguém que nos ame.

Nós, na realidade, necessitamos de um amor que não pode ser saciado por nada nem por ninguém.

Seu pai, sua mãe, seu namorado, sua namorada, por mais que amem você, nunca saciarão sua sede de amor.

Como diz São Paulo: "Tenho certeza de que nem a morte, nem a vida, nem os anjos, nem os principados, nem o presente, nem o futuro, nem as potências, nem a altura, nem a profundeza, nem outra criatura qualquer será capaz de nos separar do amor de Deus, que está no Cristo Jesus, nosso Senhor" (Rm 8,38-39).

Esse amor incondicional só encontramos em Deus. Só Deus nos ama assim, desse jeito: um amor que não decepciona, que não trai, que nos ama como somos, porque ele é amor e o amor não pode deixar de amar. Só Deus nos ama incondicionalmente.

Descobrimos que somos cristãos quando descobrimos que somos amados por Deus. É interessante que muitos santos na história da Igreja não sentiam a Deus, mas percebiam o quanto ele os amava: São João da Cruz, Santa Teresa de Calcutá e tantos outros.

Deus nos ama não por causa de nossos atributos. Ele nos ama porque foi ele quem nos fez e somos seus. É um amor gratuito, sem interesse e sem merecimento nenhum de nossa parte.

É por isso que os que creem no amor de Deus, e de maneira especial nós que nos dizemos cristãos, também se sentem na obrigação de retribuir seu amor.

O amor de Deus por nós chega ao cúmulo do paradoxo: ama o imerecido.

Certa vez, C. S. Lewis disse: "O que precisamos é do amor imerecido". Muitos de nós se sentem como alguém que não vale absolutamente nada, mas esse nada é infinitamente amado por Deus.

A vida, porém, sempre de novo nos provoca decepções.

Decepcionamo-nos com nós mesmos, com nossas falhas e fracassos. Decepcionamo-nos com nossa família, com nosso parceiro, com nossos amigos, com nossos colegas de trabalho. Muitos reagem aos desenganos com resignação. Procuram aceitar a vida como ela é, mas em seu coração toda vitalidade e toda esperança morreram. Sentem-se carentes de algo, de alguém, de amor.

Sentir-se carente é algo que acontece com todos nós. A carência afetiva pode ser mais ou menos intensa, pode durar um curto período de tempo ou um tempo um pouco maior, e em algumas pessoas o sentimento de carência dura a vida toda.

O que acontece na maioria das vezes é que não fomos ensinados e treinados para suprir nossas carências, ao menos temporariamente. Imaginamos que essa carência só será suprida se estivermos com alguém, com um parceiro ou parceira. É muito comum e provavelmente você conheça alguém que "não consegue ficar sozinho".

Muitas vezes nossas carências nos cegam e não conseguimos perceber que temos várias fontes de afeto e que não reconhecemos porque a nossa cultura quer que estejamos namorando ou casados com alguém, como se isso fosse garantia de plenitude afetiva. Com todas as letras é preciso afirmar: não é!

Muitas vezes, por causa de nossas carências, ficamos mais frágeis e abertos para entrar em relacionamentos que se transformam em sofrimento e problemas. Envolvemo-nos com pessoas difíceis, manipuladoras, ciumentas em excesso, insensíveis, desrespeitosas, muito diferentes de alguém que gostaríamos que verdadeiramente estivesse ao nosso lado. E por medo de ficar sozinhos, por medo da solidão, na ilusão de que, estando com alguém, estaremos livres da carência sobretudo afetiva, nos damos conta, certo tempo depois, de que continuamos sem afeto, vazios por dentro, mendigando amor e atenção. Esse comportamento nos torna infantis, inseguros e imaturos.

Somos convidados a perceber outros aspectos da vida.

Quando você se sentir vazio, carente, tente olhar para outros setores ou aspectos da sua vida, como sua família, seus amigos, seus colegas de escola, faculdade ou trabalho, e perceberá que existem muitos sinais de carinho silenciosos que eles emitem, visando ao seu bem-estar, tais como: fazer uma brincadeira, demonstrar confiança ao lhe contar uma intimidade, preparar aquela comida de que gosta ou o convidar para almoçar ou jantar juntos, partilhar com você uma alegria. Seja capaz de reconhecer o afeto nessas pequenas atitudes. Se você aprender a reconhecer nos pequenos gestos uma atitude de afeto, vai se sentir muito mais saciado e feliz. Mas tão importante quanto sentir-se acolhido afetivamente pelos outros é aprender a cuidar e a nutrir a si mesmo.

Eu, no início do meu sacerdócio, tinha muito medo de morar sozinho. Na minha infância e juventude, morei com minha família, entrei no seminário e morei com várias pessoas, entre colegas e professores. Quando fui designado para minha primeira paróquia, seria a primeira vez na vida, aos 26 anos de idade, que iria "morar sozinho". Morria de medo da solidão. Todas as noites, depois que acabava o trabalho pastoral, tinha uma dificuldade enorme de ficar sozinho; então, eu saía e ia a um bar perto dali para tomar umas cervejas e encontrar pessoas, e só depois ia para casa e caía direto na cama. Nessa época, eu já estava em terapia. Levei a questão para meu terapeuta e ele me disse: "Claro que você tem que sair toda noite para beber! Você não aguenta ficar com você mesmo. Você vai ter que aprender a ser companhia para si mesmo. Uma coisa é solidão, outra é estar 'consigo mesmo'". Ele começou a me dar pequenas dicas de autocuidado e disse: "Quando você sentir a solidão o angustiando, tente vencer o impulso de sair correndo para o bar e vá fazer alguma coisa de que goste: se gosta de tomar banho, vá tomar um banho gostoso; se gosta de ouvir música, arrume um lugar bem confortável e ouça música; se gosta de desenhar, vá desenhar". Foi uma descoberta que mudou minha vida; ele me ensinou e eu repasso o ensinamento: valorize suas qualidades e aprenda a reconhecer as coisas legais que você faz, a pessoa legal e bacana que você é. Fazendo isso, aprenderá a não estar na solidão, aprenderá a estar consigo mesmo, aprenderá a alimentar sua alma consigo mesmo.

E esse aprendizado é fundamental. Aprenda a se dar pequenos presentes, desde uma xícara gostosa de café que você prepara para si mesmo, até, quem sabe, uma viagem que você adoraria fazer. Curta o momento enquanto estiver preparando seu café, afague-se enquanto toma seu banho, ou quando prepara a pipoca para assistir àquele filme que quer ver.

As pessoas que escolhemos para estar ao nosso lado, sobretudo na relação amorosa, estarão mais próximas de nos satisfazer afetivamente quanto mais formos nós mesmos, e nos amarmos primeiro, pois elas estarão se relacionando com "outra pessoa" diferente delas, e estaremos movidos mais pelo desejo de estar acompanhados do que simplesmente de escolher pessoas que "nos amem", movidos pela necessidade de suprir nossas carências; aí "projetamos" no outro aquilo que não temos e nos sentiremos profundamente sós.

Quando aprendemos a amar a nós mesmos, somos capazes de suprir nossas necessidades físicas, emocionais, mentais e espirituais; também ficamos mais atentos e alertas e conseguimos perceber melhor se a pessoa com a qual estamos nos envolvendo tem as qualidades que merecemos e verdadeiramente desejamos.

Então, é importantíssimo olhar e cuidar de si mesmo e reconhecer os inúmeros afetos que nos cercam. E, antes de sair desesperadamente buscando fora de você o preenchimento dos vazios do seu coração e dos buracos de sua alma, faça antes por si mesmo o que gostaria que outro lhe fizesse. Em poucas palavras: cuide de você, ame-se!

Certa vez, durante um retiro espiritual, o pregador nos entregou o texto abaixo, atribuído a Frei Betto, OP, o qual nos ajuda a lidar com nossa necessidade de ser amados:

> Faça-se novo!
>
> Reduza a ansiedade, regue de ternura os sentimentos mais profundos, imprima a seus passos o ritmo das tartarugas e a leveza das garças.
>
> Não se mire nos outros; a inveja mina a autoestima, fomenta o ressentimento e abre no centro do coração o buraco no qual se precipita o próprio invejoso.
>
> Espelhe-se em si mesmo, assuma seus talentos, acredite em sua criatividade, abrace com amor a pessoa que você é; nunca existiu nem jamais existirá alguém igual a você; você é único e irrepetível. Evite, porém, o olhar narcísico.

Seja solidário, estenda aos outros a mão, o coração, e oxigene a própria vida.

Não seja refém de seu egoísmo, cuide do que você fala. Não professe suas difamações e injúrias. O ódio destrói a quem odeia, não o odiado.

Troque a maledicência pela benevolência. Comprometa-se a expressar alguns elogios a si mesmo e aos outros por dia; sua saúde mental e espiritual lhe agradecerá.

Não desperdice a existência hipnotizado pela TV ou navegando aleatoriamente pela internet, ou conectado o tempo inteiro em redes sociais, naufragado no turbilhão de emoções e informações que você não consegue sintetizar.

Não deixe que a sedução da mídia e das redes sociais anule sua capacidade de discernir e o transforme em um consumista compulsivo.

A publicidade sugere felicidade e, no entanto, nada oferece a não ser prazeres momentâneos.

Centre sua via em bens infinitos, nunca nos finitos.

Leia muito, reflita, ouse buscar o silêncio neste mundo ruidoso; lá você encontrará a si mesmo e, com certeza, um Outro que vive em você e que quase nunca é escutado.

Cuide da saúde, mas sem a obsessão dos anoréxicos, ou dos que tomam anabolizantes para ostentar somente músculos; nem tampouco dos que devoram alimentos com os olhos.

Caminhe, pratique exercícios, sem descuidar de aceitar as suas rugas, e não tema a marca do tempo em seu corpo.

Frequente também uma academia de malhar o espírito e passe nele os cremes revitalizadores da generosidade e da compaixão.

Não dê importância ao que é fugaz, nem confunda o urgente com o prioritário.

Não se deixe guiar por modismos.

Observe quantas coisas são oferecidas nas lojas que você não precisa para ser feliz.

Jamais deixe passar um dia sem um momento de oração.

Se você está em crise de fé, ou a perdeu, ou nunca a teve, mergulhe em sua vida interior, ainda que por cinco minutos todos os dias.

Arranque de sua mente todos os preconceitos e, de suas atitudes, todas as discriminações; lembre-se, assim como você, cada pessoa é única e irrepetível e tem seu valor e sua dignidade, que devem ser respeitados.

Seja tolerante, esforce-se para colocar-se no lugar do outro.

Todo ser humano é o centro do universo e morada viva de Deus.

Antes de criticar, indague a si mesmo por que às vezes você provoca nos outros antipatia, rejeição, desgosto.

Revista-se de alegria e descontração. A vida é breve e, de definitivo, só se conhece a morte.

Faça algo para preservar o meio ambiente, colabore para despoluir o ar, a água e para reduzir o aquecimento global. Não utilize material que não seja biodegradável.

Trate a natureza como aquilo que ela é de fato: a nossa mãe. Dela Deus nos fez e a ela voltaremos.

Hoje vivemos do beijo na boca que ela nos dá continuamente: ao nutrir cada um de nós de oxigênio e alimentos.

Guarde um espaço no seu dia para conectar-se com o Transcendente.

Deixe que Deus acampe em sua subjetividade.

Aprenda a fechar os olhos para ver melhor.

Sim. Você tem todo direito de amar e ser amado. A terapia, a oração e a direção espiritual podem ajudá-lo muito nesse "fazer-se novo".

Acolher a dor de quem sofre,
sem julgar nem condenar,
e encaminhar a pessoa
a um serviço ou profissional
de saúde mental
são atitudes bem concretas
que podem salvar vidas.

SEJA CAPAZ DE ACOLHER A DOR DO OUTRO

■ O que é bullying?

A palavra *bullying* é a junção de duas palavras do inglês: *bully*, que significa "valentão", e o sufixo *ing*, que significa uma ação continuada. *Bullying* é um comportamento agressivo, intencional, sistemático e repetitivo, com características de violência e perseguição do agressor, ou dos agressores, contra a vítima, sem motivação aparente, causando-lhe dor, constrangimento e angústia.

Segundo a Cartilha do Conselho Nacional de Justiça, "outra característica do *bullying* é que os mais fortes utilizam os mais frágeis como meros objetos de diversão, prazer e poder, com o intuito de maltratar, intimidar, humilhar e amedrontar suas vítimas".

O *bullying* também pode ocorrer através das redes sociais, hoje tão usadas, sobretudo pelos adolescentes e jovens; nesse fenômeno, chamado de *cyberbullying*, os agressores mandam mensagens ameaçadoras, difamatórias ou intimidatórias, usando para isso as redes sociais das vítimas.

■ Como prevenir o *bullying*?

É importantíssimo que os pais ou cuidadores compreendam a importância de conversar com os filhos. As conversas familiares esclarecem os filhos e lhes dão suporte psicológico para enfrentar as adversidades.

Além de conversar, outras atitudes simples podem prevenir e ajudar a evitar o *bullying*. É importante entender que o *bullying* é uma via de mão dupla. Ele acontece não só quando o agressor ataca sua vítima, como também quando a vítima não tem condições emocionais para se defender e, com isso, acaba permitindo que as agressões continuem. Embora saibamos que existem casos em que a vítima infelizmente não tem condição nenhuma de se defender, há estratégias para prevenir o *bullying*. Confira algumas delas:

1. *Busque conhecer o universo do seu filho*: para prevenir o *bullying* é preciso estar por dentro do que ocorre atualmente no mundo e, de maneira muito especial, o que acontece no mundo do seu filho, como: quais são as tendências de consumo da faixa etária dele, a que ele assiste e o que joga no celular (não é o caso de controlar, mas de acompanhar). Isso é para poder perceber de que forma ele pode estar sendo afetado ou não.

2. *Ouça seu filho e nunca desqualifique as emoções dele*: é importante saber ouvir com atenção, sem julgar nem condenar. O ouvir não deve ser no sentido de punir, mas de ajudar; se você quer que seu filho lhe conte o que acontece com ele e com seu mundo interior, e venha pedir sua ajuda, é preciso acolhê-lo e nunca julgá-lo por suas atitudes; isso dará a ele confiança necessária para se abrir com você. Um jovem que tem suas ideias e seus sentimentos desqualificados tende a ser inseguro e com baixa autoestima; portanto, tem risco maior de sofrer *bullying*.

3. *Busque conhecer as pessoas com quem seu filho se relaciona*: conhecer ou saber com quem seu filho convive é fundamental para evitar e prevenir o *bullying*. Por meio de conversas francas e afetivas, sempre

busque saber quem são seus professores, colegas, verdadeiros amigos, *crushes* (namoradinhos/as), quem o importuna, quem o faz se sentir "pra baixo", quem o faz se sentir bem e feliz.

4. *Converse com seu filho sobre o assunto*: a pior maneira de lidar com um assunto difícil e delicado é torná-lo um tabu, ignorando-o. Aproveite os momentos de encontro familiar para falar sobre *bullying*. É importantíssimo que seu filho ouça e saiba que você está por dentro do assunto e o defenderá, caso seja necessário. Isso aumentará a confiança e a autoestima dele, por saber que pode contar com você, que o ama.

5. *Como diz a Campanha do Setembro Amarelo, "Falar é a melhor solução"*: falar sobre o assunto é muito importante, porque o *bullying* provoca traumas e deixa feridas irreparáveis na vida das vítimas. De maneira geral, o *bullying* negligenciado acarreta:

▶ transtornos psicológicos;

▶ depressão;

▶ dificuldades de relacionamento social;

▶ obesidade ou anorexia;

▶ automutilação;

▶ suicídio.

O número de suicídios decorrentes de *bullying* está crescendo, sem que os pais se deem conta de que os filhos estejam sofrendo com isso. Estar próximo afetivamente dos filhos e conversar sempre são estratégias importantes para impedir uma tragédia definitiva.

Como a escola pode prevenir o *bullying*?

A prevenção do *bullying* nas escolas deve envolver toda a comunidade escolar: professores, alunos, familiares e funcionários, no sentido de criar uma série de ações conjuntas que combatam e diminuam o número de ocorrências dentro do ambiente escolar. Uma dessas ações pode ser – durante as reuniões de pais e mestres, em rodas de conversas e em outras dinâmicas – conscientizar de que praticar *bullying* é um comportamento imoral, errado, equivocado, desrespeitoso para com o outro e, inclusive, criminoso. Muita gente desconhece, mas a Lei federal 13.185/15 passou a criminalizar tal prática.

Outro aspecto importante é trabalhar de maneira transversal, na grade curricular, o tema da valorização da vida e do respeito pela pessoa humana, para que, aos poucos e dentro de um projeto pedagógico, os alunos aprendam a respeitar uns aos outros e a expressar seus sentimentos e emoções.

Por fim, de maneira prática, os funcionários e professores devem ficar atentos ao que geralmente ocorre durante o recreio e na entrada e saída da escola, como também nos intervalos das aulas.

ALERTA:
A AUTOLESÃO É UM PEDIDO DE SOCORRO NA ADOLESCÊNCIA

Muitas crianças e adolescentes se machucam para amenizar suas dores de alma, por se sentirem sozinhos e acreditarem que ninguém se importa com eles. Converse e ouça, sem julgamento, os conflitos que estão vivendo.

O que é a autolesão?

A autolesão, também chamada de "automutilação", não é um fenômeno novo e há algum tempo tem sido objeto de pesquisas e estudos na área da saúde mental.

Trata-se de um comportamento em que, de diversas formas e maneiras, uma pessoa agride a si própria, de forma deliberada, sem intenção suicida. E uma pergunta que sempre surge é: por que a pessoa se autolesiona? Os motivos são os mais diversos e complexos, mas algumas coisas já sabemos sobre elas.

Em primeiro lugar, a grande maioria dos que se autolesionam é formada por adolescentes, jovens e até mesmo crianças que sentem uma dor emocional tão grande que é difícil expressar em palavras. Com isso, a autolesão funciona para eles como uma "descarga emocional", como uma maneira de reduzir os sentimentos negativos, aliviar a tensão e a "dor de alma". Também pode ser um mecanismo de autopunição por supostos erros cometidos, ou um modo de chamar a atenção por se sentir solitários e acreditar que ninguém se importa com eles.

Quando falamos de autolesão, imaginamos logo aquele que se corta. Gostaria de dar outros exemplos: sabe aquela pessoa que rói as unhas até sangrar? Ou aquela que literalmente "arranca os cabelos", ou apaga o cigarro aceso na própria pele? Isso também é autolesão, também é um comportamento autolesivo.

A dificuldade em ajudar quem se autolesiona é que ele acredita ser uma atitude positiva, que "alivia"; portanto, tende a não aceitar nem a procurar ajuda.

Quanto à relação entre autolesão e suicídio, é importante esclarecer que a autolesão não suicida na adolescência é um evento frequente e, em um primeiro momento, não tem necessariamente um vínculo direto e imediato com o comportamento suicida. Por isso se chama "autolesão não suicida"; no entanto, se não tratada, está associada a tentativas subsequentes de suicídio ou ao suicídio completo, sugerindo que esse comportamento e aspectos psicológicos relacionados a ele possam levar ao comportamento suicida.

Converse e ouça, sem julgamentos, os conflitos de quem está vivendo o problema e tenha claro o seguinte: a autolesão é um pedido de socorro e tem por trás uma dor de alma.

Quais são os sinais que podem ajudar a identificar que o adolescente está se autolesionando?

Os adolescentes e jovens têm maior facilidade de disfarçar os sintomas de suas dores emocionais; por isso, é mais difícil identificar os sinais de que estão com dor emocional e se autolesionando. Porém, dois deles são muito fáceis de perceber: o primeiro é o uso constante de camisas de mangas compridas, mesmo em dias muito quentes; e o outro são as unhas da mão com sinais de sangramento.

Contudo, outros sinais são bem mais sutis e necessitam de atenção, como:

- mudanças marcantes de hábitos e de personalidade;
- comportamento agitado, deprimido ou ansioso;
- sentimento de não pertencimento;
- baixa autoestima;
- pouca flexibilidade para enfrentar adversidades;
- desesperança;
- descuido com a própria aparência;
- queda do rendimento, seja na escola, seja no trabalho;
- isolamento social – afastamento dos amigos e da família;
- perda de interesse em atividades de que gostava muito;
- mudanças no padrão de sono;
- perda ou ganho de peso de maneira inusitada.

Tanto na autolesão como em outros processos de sofrimento emocional de adolescentes e jovens, insisto que é importantíssimo o papel da família, de educadores e de profissionais de saúde. É necessário: ouvir e procurar compreender o que se passa, sem procurar culpados e sem castigos; aproximar-se, avaliando qual o momento oportuno para oferecer ajuda e qual tipo de ajuda; e, se for o caso, encaminhar para um acompanhamento psicológico.

Como posso ajudar alguém que não aceita ser ajudado?

Essa é uma das perguntas que eu mais recebo e uma das mais difíceis de ser respondidas.

É muito frustrante ver alguém que amamos sofrendo, precisando de ajuda e terminantemente se recusando em ser ajudado, mesmo com um problema sério.

A primeira coisa a fazer é reconhecer que temos de lidar com nossa frustração, que nasce da dificuldade de entendermos por que a pessoa em questão não deixa nem permite ser ajudada. Outro sentimento que pode aparecer é a irritação com a falta de vontade do outro de resolver seus problemas. E, ainda, outra emoção que nos toma é de impotência, por não podermos mudar a atitude de quem não quer ser ajudado.

A verdade é que devemos tentar compreender os motivos por que algumas pessoas não aceitam o apoio de ninguém, mesmo estando em grande sofrimento e necessitando dos outros. Isso pode ter causas mais profundas, como: um bloqueio inconsciente; ou porque estão "numa zona de conforto" e têm medo de se expor, de se arriscar e de reconhecer que precisam mudar para melhorar; ou ainda porque, de uma maneira ou de outra, "aprenderam" a conviver com a própria dor e sobrevivem com ela.

Sendo assim, é importante se colocar no lugar do outro e reconhecer que é difícil mudar, sair da própria zona de conforto, o que gera medo, dor e ansiedade. Portanto, para ajudar de verdade alguém que não aceita ser ajudado é essencial ter claro que isso só vai acontecer quando a pessoa quiser, porque a mudança verdadeira só acontece de dentro para fora, a partir de cada um.

Então, o que fazer?

Minhas sugestões para você que quer ajudar são:

▶ *Tenha empatia: antes de conversar com a pessoa, tente se colocar no lugar dela; já sabemos o quanto é difícil mudar e sair da nossa zona de conforto.*

- *Mude sua maneira de falar:* acusar, xingar, julgar não é a melhor maneira de conversar com uma pessoa sobre a dificuldade dela; com certeza ela vai reagir agressivamente, pois, em alguns casos, nem sequer tem consciência das suas dificuldades. Se você perceber isso, poderá ir lhe mostrando amorosamente. Na minha experiência, resistência se quebra com afeto; então, vá criando um ambiente acolhedor para que a pessoa possa se sentir acolhida, e sua resistência e medo diminuam.

- *Coloque-se à disposição, dizendo frases do tipo:* "Se você precisar de algo, estou aqui!"; "Eu te amo, conte comigo". E faça tudo para incentivar; agora, lembre-se: cada pessoa tem seu próprio tempo e é importantíssimo respeitá-lo.

Desse modo, se a pessoa abrir-se à possibilidade de ser ajudada, a dica é incentivá-la a buscar ajuda psicológica. A terapia poderá auxiliar muito com técnicas para mudança de comportamento.

Entretanto, existem situações em que, dependendo da gravidade do problema, precisamos agir. Por exemplo, se alguém próximo corre risco de morte, ou está em surto psicótico, aí devemos levá-lo ao médico imediatamente e, com um profissional, pensar a melhor maneira de ajudá-lo.

Criança pode ter depressão?

Sim, criança pode ter depressão. A depressão infantil é cada vez mais crescente (Barbosa et al., 1996), sobretudo na faixa entre seis e onze anos de idade (Coutinho et al., 2003).

São poucos os estudos de depressão infantil no Brasil, porém os que existem afirmam categoricamente que é muito variável (Cruvinel; Boruchovitch, 2003) e multifatorial, mas acentua-se, sobretudo, com perdas sofridas pela criança, como a separação dos pais, ou a morte violenta de um deles. Portanto, as crianças que vivem a experiência de corte abrupto de vínculos afetivos parentais têm risco potencializado para o desenvolvimento do transtorno depressivo (Lima, 2004). Outras causas importantes são: fatores genéticos, abuso sexual ou físico, violência doméstica, entre outros.

As crianças depressivas geralmente apresentam certas características como: autopercepção de fragilidade, maldade ou ingenuidade; têm medo de fracassar ou de sofrer injustiça; são muito autocríticas, têm comportamento agressivo, baixa autoestima e sentimento de inferioridade (Fonseca et al., 2005); além disso, muitas vezes têm poucos amigos, sensação de que não são estimadas pelos colegas, ou desenvolvem um apego excessivo ou exclusivo a animais (Bahls, 2002).

Em razão de as crianças terem dificuldade maior em identificar e expressar suas emoções e sentimentos, por conta da fase de amadurecimento em que se encontram, um ambiente familiar emocionalmente equilibrado e saudável é um fator de proteção da depressão infantil, pois dão à criança a proteção e o acolhimento fundamentais para seu desenvolvimento.

Contudo, a família tanto pode ser um fator de proteção, quando é acolhedora, como um fator de risco, quando é desestruturada, em razão de doenças, violência doméstica, consumo abusivo de álcool e drogas dos pais ou responsáveis, ou quando os pais são ausentes, depressivos. Isso tudo facilita o desenvolvimento da depressão infantil.

As ações de prevenção da depressão infantil, por sua vez, incluem o tratamento com psicoterapia e são importantes para evitar o agravamento do quadro. A escola também pode colaborar com estratégias que foquem na ampliação da visão de mundo, de vivências positivas, de vínculos afetivos (com professores e colegas) e de autonomia.

É preciso ficar atentos, pois todos os tipos de transtornos depressivos necessitam de imediata intervenção, no sentido de evitar que causem grandes prejuízos.

Como ressignificar a perda de uma pessoa amada por suicídio?

A dor pela morte de um ente querido é sempre muito grande, independentemente da causa. É profundamente humano questionar o motivo e sentir-se injustiçado, até mesmo traído, por esse rompimento abrupto, ainda que haja uma explicação razoável.

No luto por suicídio, jamais saberemos o porquê ele aconteceu, pois o motivo morre com a pessoa.

Além disso, a dor da perda, neste período que estamos vivendo, de quarentena por causa da Covid-19, nos trouxe uma nova dor: como dizer adeus a quem amamos tanto sem os tradicionais rituais de despedida?

Despedidas são parte essencial da vida, despedir-se é validar as experiências vividas com o outro. Uma boa relação é aquela que permite que a experiência seja vivida em seu ciclo completo, com começo, meio e fim. Portanto, o fim faz parte de um contato saudável.

Uma das coisas que nos acompanha durante o processo da vida é a necessidade de cuidar dos nossos mortos, e esse é um dos sentidos fundamentais dos rituais de despedida.

A função de um velório é permitir que as pessoas próximas de quem partiu possam sofrer juntas, compartilhar emoções, abraços, afetos, histórias vividas, para se confortarem. Ou seja, a função fundamental de um velório é dizer adeus à pessoa amada.

Contudo, por causa do coronavírus, os velórios estão cercados de restrições: duração máxima de duas horas, poucas pessoas, caixões lacrados etc. O velório como estávamos acostumados a fazer, o despedir-se, as últimas homenagens, necessita ser repensado, o que, como já disse, exacerba a dor da perda.

Esses limites nos forçam a descobrir juntos novas atitudes, tais como desenvolver rituais e cerimônias de despedida simbólicas.

Dou um exemplo. Combinei com a família e conhecidos de três amigos que perdi dias atrás, em determinada hora, de fazer uma prece por eles pelas redes sociais. Um de nós escreveu o texto e o repassamos ao maior número possível de pessoas. No horário combinado, estávamos "emocionalmente conectados e juntos, rezando e nos despedindo".

Foi o jeito criativo que encontramos de cultivar intimidade, proximidade, e de nos despedirmos com delicadeza, diante de restrições tão fortes de distanciamento social.

Portanto, como podemos ressignificar nossas despedidas?

Não existe receita, mas devemos exercitar a comunhão: conversar sobre lembranças boas e de convivência, compartilhar fotos e vídeos da pessoa que perdemos; ouvir e tocar músicas das quais a pessoa gostava; criar um momento orante em comum pela pessoa; escolher um alimento do gosto desse ente querido e nos alimentar, simultaneamente, em reuniões *on-line*.

São algumas dicas que podem nos auxiliar a nos despedirmos de maneira simbólica e significativa e, por isso, também vivenciada, o que ajuda muito a ressignificar essa morte.

Daí a importância dos rituais de despedida; graças a eles é possível iniciar o processo de luto, o qual, se plenamente vivido, vai se tornar mais leve com o passar dos dias, meses e anos. A partir das despedidas e, como já dito, dessas novas formas de demonstração de amor e gratidão, você terá um marco divisor em sua vida para que, a partir dele, as memórias comecem a ser ressignificadas pouco a pouco, de acordo com o tempo de cada um.

No entanto, também não é vergonha nenhuma pedir ajuda quando percebemos que o luto está sendo um processo doloroso demais para o vivermos sozinhos. Volto a insistir quanto procurar ajuda profissional é importante. Às vezes, não nos damos conta de ressignificar momentos difíceis da nossa vida, os quais vão se tornando desafios diários, atrapalhando nossas outras atividades cotidianas. Não é lembrar com alegria de alguém querido que morreu, mas apenas não deixar que a dor se torne um fator paralisante. A dor continuará lá, porém não mais de forma desorganizada.

Uma amiga psicóloga contou-me o que uma professora dela dizia sobre a psicanálise, e eu acho importante reproduzir a ideia aqui, pois, ao mesmo tempo em que serve de ilustração, soa como conforto. Segundo essa professora, a cura que se dá pela psicanálise é como a cura do queijo, ou seja, o queijo curado se transformou em outra coisa, continua sendo queijo, mas apresenta outro sabor, outro odor.

E assim vamos tentando ressignificar nossas despedidas das pessoas que amamos e partiram desta vida.

Por que a imprensa e os meios de comunicação não divulgam um suicídio?

Falar de suicídio exige muito cuidado, por ser um tema difícil e delicado. Os meios de comunicação, em geral, evitam falar com base em um dado bem concreto: pessoas fragilizadas podem ser estimuladas a repetir o que foi noticiado, sobretudo quando mostrado em detalhes nas telas. É o chamado "Efeito Werther":

> Uma das primeiras associações conhecidas entre os meios de comunicação de massa e o suicídio vem da novela de Goethe *Die Leiden des Junguen Werther (Os sofrimentos do jovem Werther)*, publicado em 1774. Nessa novela, o herói se dá um tiro, após um amor malsucedido. Logo após sua publicação, começaram a surgir na Europa vários relatos de jovens que se suicidaram usando o mesmo método. Isso resultou na proibição do livro em diversos lugares. Esse fenômeno originou o termo "Efeito Werther", usado na literatura técnica para designar a imitação de suicídios (OMS, 2000, p. 3).

A mesma OMS lançou um manual para profissionais da mídia com a premissa de que "o relato de suicídios, de uma maneira apropriada, acurada e cuidadosa, por meios de comunicação esclarecidos, pode prevenir perdas trágicas de vida" (OMS, 2000). O *site* do Centro de Valorização da Vida (CVV) disponibiliza gratuitamente esse manual.[3]

---

[3] Disponível em: http://www.cvv.org.br.

■ O que é posvenção em suicídio?

Posvenções são ações, atividades, intervenções, suporte e assistência para aqueles impactados por um suicídio completo, ou seja, os sobreviventes. É uma ferramenta reconhecida mundialmente como componente importante nos cuidados da saúde mental.

A história do movimento de apoio aos sobreviventes começou em 1970, na América do Norte, com a fundação do primeiro grupo de apoio e luto por suicídio. Em 1973, o doutor Edwin Schneidman descreveu o conceito de posvenção como a "prevenção para as futuras gerações" (Schneidman, 1973).

Os objetivos da posvenção são (Beautrais, 2004; Scavacini, 2011):

▶ trazer alívio dos efeitos relacionados com o sofrimento e a perda;

▶ prevenir o aparecimento de reações adversas e complicações do luto;

▶ minimizar o risco de comportamento suicida nos enlutados por suicídio;

▶ promover resistência e enfrentamento em sobreviventes.

Na posvenção, as pessoas são ajudadas a elaborar o seu luto. O processo de luto é individual, único e diferente para cada pessoa. O luto por suicídio, como já vimos, é bem diferente dos outros tipos de luto, primeiro porque não se tem o motivo real da morte, que morre com a pessoa. Saber por que a pessoa morreu é um aspecto importante do luto, pois ajuda a "dar algum sentido" àquela perda. Na morte por suicídio, os enlutados ficam privados desse sentido. E, por causa disso, sentimentos relacionados ao luto podem ser potencializados, tais como: culpa, vergonha, dor, decepção, choque, negação...

Outra coisa importante que aparece no luto por suicídio é a questão dos "porquês" (Por que ele fez isso? Por que ele não pediu ajuda? Por que eu não percebi? Por que eu não ajudei?) e dos "e se" (E se eu tivesse percebido? E se eu tivesse ajudado?).

No luto por suicídio, sentimentos como raiva e culpabilização são potencializados e as inúmeras dúvidas que cercam a morte fazem o sobrevivente entrar em uma dor inominável, a qual acaba sendo ainda mais desafiante para ser elaborada.

Os grupos de apoios a sobreviventes de suicídio têm sido uma importante estratégia de acolhimento e de ressignificação da perda por suicídio de um ente querido.

Abaixo indico alguns desses grupos, mas outros podem ser encontrados em *sites* de busca pela internet.

São Paulo

- *CVV (Centro de Valorização da Vida)*: possui os Grupos de Apoio aos Sobreviventes de Suicídio; para saber mais sobre dias, locais e endereços de funcionamento, acesse: https://www.cvv.org.br/.

- *Vita Alere (Grupo de Apoio ao Sobrevivente Enlutado pelo Suicídio)*: grupo aberto, gratuito e facilitado por psicólogos, ajuda pessoas que perderam alguém por suicídio e que queiram conversar abertamente sobre o tema. É formado por quatro grupos de apoio que realizam encontros mensais em diferentes dias e horários. Para se inscrever nos grupos de apoio *on-line*, você deve preencher o formulário no *link*: https://bit.ly/grupoluto.

São Bernardo – SP

- *Nomoblidis (Grupo de Apoio ao Sobrevivente Enlutado por Suicídio)*: criado para adultos (18 anos ou mais) que perderam um membro da família, amigo ou colega de trabalho por suicídio. Esses sobreviventes podem se juntar ao grupo a qualquer momento e os encontros *on-line* acontecem às segundas e quartas-feiras, das 19h30 às 21h30. Para participar, entre em contato pelo WhatsApp: (11) 98649-1484 / (11) 98507-0303.

Campinas – SP

- SMCC *(Sociedade de Medicina e Cirurgia de Campinas)*: grupo de apoio aos sobreviventes enlutados por suicídio de Campinas e região, facilitado por psicólogos. Os encontros *on-line* acontecem na primeira segunda-feira do mês, das 19h30 às 21h30, pelo Google Meet. Para participar, entre em contato pelo WhatsApp: (11) 96035-7707.

Minas Gerais

- *Gaes (Grupo de Apoio a Enlutados por Suicídio)*: os encontros *on-line* acontecem semanalmente às segundas-feiras, das 18h às 20h. A inscrição é gratuita e deve ser realizada pelo *e-mail* gaesufmg@gmail.com.

Macapá – AP

- *Ambacs Laguinho (Grupo de Acolhimento aos Sobreviventes do Suicídio)*: destinado a familiares e amigos que convivem ou que perderam alguém envolvido no comportamento suicida. Para participar dos encontros *on-line*, entre em contato com Ana Ferreira (96) 9912-75095, ou Dâniza Dias (96) 9916-66770.

Fortaleza – CE

- *Bia Dote (Grupo de Apoio às Famílias Sobreviventes do Suicídio)*: com um importante trabalho na área, atende gratuitamente pessoas que passam por um luto por suicídio. Nesse espaço aberto, a fala, a escuta e a partilha fazem parte do processo de elaboração do luto e ajudam na ressignificação dos sentimentos vividos. Os encontros *on-line* acontecem às terças-feiras, das 19h às 21h. Para participar, entre em contato pelos telefones: (85) 3264-2992 / (85) 99842-0403.

O que é o "Janeiro Branco" e que relação tem com suicídio?

O "Janeiro Branco" é uma Campanha que pretende mobilizar todos a favor da saúde mental, que ainda é um assunto tabu e pouco discutido na sociedade em geral e na Igreja também. É preciso compreender o conceito de saúde mental de forma ampla, como um estado de equilíbrio que proporciona bem-estar ao indivíduo e à sociedade como um todo. Esse é um dos principais objetivos da Campanha: colocar o tema da saúde mental em evidência durante esse primeiro mês do ano, fazendo com que as pessoas reflitam, discutam, atualizem-se sobre o que é verdadeiramente a saúde mental e rezem por aqueles que sofrem.

Cresce cada vez mais o número de casos de depressão, ansiedade, fobia, pânico, agressividade e até desrespeito. Isso mostra que as pessoas precisam começar a cuidar também de aspectos mentais e emocionais de sua vida.

Por que janeiro e por que branco?

Inspirada no "Setembro Amarelo" e no "Outubro Rosa", a Campanha surgiu em 2014, criada por psicólogos de Uberlândia, com o objetivo de conscientizar as pessoas para a promoção e a proteção da saúde mental.

O mês de janeiro foi escolhido para a Campanha por dois motivos principais: o primeiro é que, em janeiro, se tem a sensação de um novo começo, em que se fazem novos planos; o segundo motivo é que muitas pessoas ficam melancólicas durante as festas de fim de ano, e em janeiro, quando ainda estão fragilizadas por isso, é o momento ideal para buscar ajuda profissional e começar a cuidar da mente.

Já a cor branca foi escolhida para representar o papel em branco no qual se escreverá uma nova história da saúde mental, sem os tabus e preconceitos que a cercam.

A Campanha é importante para conscientizar a população sobre o cuidado com a saúde mental, que, quando comprometida, pode se tornar um dos fatores de risco para o suicídio.

O tabu em relação à saúde mental

Infelizmente, a saúde mental ainda é cercada de muito tabu. A maioria das pessoas acha que ir ao psicólogo é "coisa de louco". Isso é herança de uma cultura antiga e ultrapassada, na qual os doentes eram isolados e internados em manicômios. Assim, o "louco" era visto como inferior, a quem não haveria cura e deveria ser isolado e afastado para não incomodar os saudáveis. Junte-se a isso a compreensão antiquada de que o trabalho do psicólogo e do psiquiatra é o de cuidar exclusivamente de loucos, daqueles que deviam ficar isolados.

A situação hoje em dia

Hoje a situação melhorou muito, o tratamento da chamada "loucura" é muito mais humanizado e há ações no sentido de inserção desses doentes na sociedade, e não mais o contrário. Buscar ajuda psicológica não significa perder o controle da própria vida; ao contrário, significa compreender que ninguém merece sofrer sozinho, que o sofrimento fragiliza e deve-se encontrar formas de lidar com isso.

O que podemos fazer

Esse tabu de achar que a psicoterapia é coisa para loucos acaba afastando as pessoas de buscar ajuda psicológica e/ou psiquiátrica, impedindo, assim, que possam ter saúde mental. Quem de nós nunca ouviu alguém dizer "não preciso de psicólogo". É como se dissesse "eu ainda estou no controle, não preciso de alguém para dirigir minha vida". Mas não é isso! Em uma sociedade que cada vez mais coisifica as pessoas e suas ações, todos precisamos nos compreender e compreender a forma como lidamos e reagimos ao mundo. Devemos promover a saúde mental para cada um de nós e, assim, conseguir uma sociedade mais saudável.

Nelson Mandela, ex-presidente da África do Sul, dizia: "Nós podemos mudar o mundo e torná-lo melhor. Está em suas mãos fazer a diferença". Isso porque há sofrimentos que podem ser prevenidos, dores que podem ser evitadas e tratadas, e violências que podem ser impedidas, cuidadas ou reparadas.

É verdade que há relação entre poluição e risco para suicídio?

Sabemos que uma das consequências da Revolução Industrial, iniciada na Grã-Bretanha por volta de 1760, foi o aumento da poluição atmosférica pela emissão de gases de efeito estufa.

A poluição atmosférica causa milhões de mortes a cada ano e, ao longo do tempo, a inalação de partículas finas de fumaça, sobretudo nas grandes metrópoles, causa danos físicos sérios, tais como: AVC (derrame), problemas cardiovasculares, câncer de pulmão, entre outros.

Contudo, um estudo recente da University College London (UCL) e da King's College London mostrou que não é apenas a nossa saúde física que é afetada, associando altos níveis de poluição do ar a picos de problemas de saúde mental, causando-lhe "danos substanciais". Foram avaliados dados de 16 países, evidenciando a ligação entre poluição do ar a cinco problemas psicológicos: depressão, ansiedade, transtorno bipolar, psicose e suicídio.

Além disso, de acordo com novos estudos, quanto maior o tempo de exposição e inalação de material particulado fino, eleva-se em 10% o risco de se desenvolver depressão, o que significa o aumento potencial de milhões de pessoas atingidas.

Recentemente, a OMS recomendou que as pessoas se expusessem, no máximo, a 10 microgramas de material particulado fino (PM2.5) – pequenas partículas como poeira e fuligem – por metro cúbico ($\mu g/m^3$).

Embora a exposição a longo prazo ao PM2.5 possa influenciar no desenvolvimento de depressão e ansiedade, os pesquisadores também alertam que a exposição a curto prazo a partículas grossas (PM10) – partículas maiores de poluição como poeira e fumaça – pode elevar o risco de suicídio. Suas descobertas sugerem que, se uma pessoa é exposta a PM10 por um período de três dias, seu risco de suicídio pode aumentar em 2% a cada aumento de 10µg/m3 desse material particulado grosso.

Os pesquisadores apontam que suas descobertas não indicam necessariamente uma relação causal entre poluição do ar e problemas de saúde mental, apenas que parece haver algum tipo de vínculo. Portanto, mesmo se você more em uma área altamente poluída, não está destinado a desenvolver depressão ou ansiedade, que, como sabemos, são fatores de risco para o comportamento suicida.

"Nossas descobertas correspondem a outros estudos publicados este ano, com mais evidências em jovens e em outras condições de saúde mental", disse o Dr. Joseph Hayes, da UCL, em comunicado. "Embora não possamos dizer que essa relação é causal, a evidência é altamente sugestiva de que a própria poluição do ar aumenta o risco de resultados adversos à saúde mental."

Além dos estudos acima mencionados, um trabalho interessante também foi publicado recentemente no *British Medical Journal*, o qual nos dá as seguintes informações:

- ▶ O ar sujo das cidades produz alta ansiedade na população, diminuição na produtividade e maior número de pessoas que precisam de tratamento médico e psicológico, para evitar o risco de suicídio.

- ▶ A poluição provoca o que é conhecido como "estresse oxidativo",[4] ou seja, as células do nosso organismo não conseguem reagir a esses poluentes ou radicais livres, que nos deixam doentes e causam, por sua vez, alta ansiedade.

- ▶ Viver ou trabalhar próximo a uma estrada, onde o tráfego de carros é muito intenso, também tem os mesmos efeitos perigosos sobre a nossa saúde.

---

[4] O estresse oxidativo é uma condição biológica em que ocorre desequilíbrio entre a produção de espécies reativas de oxigênio e a sua remoção através de sistemas que as removam ou reparam os danos por elas causados. Disponível em: <https://pt.wikipedia.org/wiki/Stress_oxidativo>.

Como cuidar da nossa saúde mental em uma cidade grande, com altos níveis de poluição?

O melhor conselho que podemos dar a você, para sua saúde mental, é que procure outro lugar para morar. Obviamente, sabemos que nem sempre isso é possível, que temos obrigações e que nossa vida está, em muitos casos, ligada a centros urbanos. Então, na medida do possível, seria apropriado seguir estas dicas:

- saia de casa quando houver menos tráfego; se a contaminação for muito intensa, o uso de máscaras é sempre recomendado;
- mantenha as janelas de sua casa fechadas, quando perceber que há mais poluição;
- se você costuma correr pelas grandes cidades, saiba que, com o esporte, aspiramos mais poluição; então, para caminhar ou praticar esportes, sempre procure por áreas verdes;
- beba muitos líquidos e sucos naturais;
- faça exames médicos regulares.

Quem cuida da qualidade do ar que respira cuida também do cérebro e, por consequência, da própria vida.

▌Por que "falar é a melhor solução"?

Falar sobre o que estamos sentindo, mesmo que na maioria das vezes não consigamos defini-lo, é a melhor forma de encontrar um significado para o momento difícil pelo qual estamos passando. Segundo Macedo e Werlang (2007), "a ausência de palavras, provocada pela força do irrepresentável, leva o indivíduo a um ato de tentar dar fim à própria vida". Com base na construção do significado que traz sentido às nossas angústias, raivas e tristezas, podemos tomar consciência de tudo e buscar outros meios para superar a dor, que não seja o isolamento ou mesmo o suicídio.

Por essa razão, reforço tanto a importância da terapia com um profissional, que o ajudará a nomear seu sofrimento. E, quando você conhece a "cara" do sofrimento, tem também hipóteses de como suprimi-lo. Se não encontrar essa "cara", por não encontrar saídas, o sofrimento vai lhe consumir, pois você não saberá o que atacar. E, não sabendo o que atacar, ficará frágil, facilmente envolvido pelo sofrimento e pela angústia.

> A escuta do *ato* da tentativa de suicídio pode ajudar o sujeito a criar e/ou desenvolver sua potencialidade simbólica. Portanto, parte-se do pressuposto de que o que é descarregado no ato de tentar acabar com a própria vida tem íntima relação com o excesso derivado de vivências traumáticas às quais não foi possível dar uma atribuição de sentido ou obter uma captura no mundo representacional do sujeito (MACEDO; WERLANG, 2007).

Infelizmente, a maioria da população não tem acesso a um terapeuta exclusivo ou um psicólogo, mas há outros meios a recorrer em busca de ajuda nesse momento crítico. O importante é não se calar nem tentar lidar sozinho com essa dor insuportável, à qual parece que só a morte dará jeito.

Minha mãe descobriu sobre minha sexualidade...

> ... ela [a mãe] está criando uma expectativa em cima disso como se eu fosse "mudar". Ela é uma pessoa extremamente religiosa e eu já não sei mais o que fazer sobre isso, só a ideia de ter que viver infeliz para viver o que ela quer me dá vontade de morrer...

Obrigado por partilhar sua dor comigo.

Infelizmente, muitas pessoas ditas "religiosas", que deveriam "amar o próximo como a si mesmo", escondem seus preconceitos e os transferem para Deus, agindo, muitas vezes, como se sua vontade fosse a "vontade de Deus".

Entendo perfeitamente sua angústia e seus sofrimentos emocionais, que a estão levando a pensar em suicídio. Você ama sua mãe e sua família e gostaria muito que continuassem a amando inteiramente, o que, pelo seu relato, parece não estar acontecendo. Você não precisa "viver infeliz para viver o que ela quer", mas sim aumentar seu amor-próprio, fortalecer-se, para só depois, mais amadurecida, olhar de frente para sua mãe e sua família, com respeito e sendo respeitada. Gostaria de dar algumas dicas de como praticar o amor-próprio:

1. ninguém precisa saber de sua vida; o importante é que você saiba o que sente, e tente manter o equilíbrio;
2. o importante para isso é: permita-se sentir suas emoções;
3. permita-se ser autêntica, honesta consigo mesma, verdadeira; você merece ser conhecida como verdadeiramente é, lembrando que sempre haverá pessoas que não gostarão de você, e tudo bem.
4. não deixe que pessoas que fazem pouco por você controlem seus sentimentos, seus pensamentos e suas emoções;
5. não se defina por seus limites; defina-se pelo seu potencial;
6. busque ajuda terapêutica, pois uma boa terapia é um lugar de reconhecimento e ressignificação de si mesma e das suas relações; no lugar da dor pode existir afeto, e principalmente esperança.

Boa sorte!

SE VOCÊ OU ALGUÉM QUE CONHEÇA ESTÁ COM A SAÚDE MENTAL FRAGILIZADA, PEÇA AJUDA.
BUSCAR AJUDA É SINAL DE **FORÇA E CORAGEM!**

■ "Não vou morrer, né?"

(Mensagens de celular)

[Aluno] Professor, tenho andado muito mal.

[Aluno] Tomei dez gotas de... e um comprimido de... Acho que vou dormir o resto da tarde.

[Aluno] Minha mãe saiu, por isso consegui pegar os remédios.

[Prof. Licio Vale] Olá. Você tomou só essa dosagem?

[Aluno] Só. Mas com vontade de tomar muito mais.

[Aluno] Porque dormindo nada dói.

[Prof. Licio Vale] Provavelmente, você vá dormir o resto do dia.

[Aluno] Tomara!

[Prof. Licio Vale] Não tome mais nada.

[Aluno] Desculpa. Está difícil.

[Prof. Licio Vale] Durma, descanse. Podemos nos encontrar amanhã?

[Aluno] Dependendo do horário, pois tenho terapia às 14h30.

[Prof. Licio Vale] Pode ser depois da terapia?

[Prof. Licio Vale] O comprimido de... que você tomou foi de quantos miligramas?

[Aluno] Não sei, só peguei um inteiro.

[Prof. Licio Vale] Há quanto tempo você tomou?

[Aluno] Faz uns vinte minutos.

[Prof. Licio Vale] Com essa dosagem você vai dormir. Deite e descanse.

[Aluno] Não vou morrer, né?

[Prof. Licio Vale] Não. Não tome mais nada.

[Aluno] Ok.

[Prof. Licio Vale] Amanhã eu te espero. Qualquer novidade entre em contato comigo.

O suicida não quer matar sua vida,
mas sim sua dor de alma.

Onde procurar ajuda?

O suicídio é um fenômeno complexo, multifatorial, que pode afetar indivíduos de diferentes origens, classes sociais, idades, orientações sexuais e identidades de gênero. Entretanto, pode ser prevenido. À vista disso, procure ou incentive a pessoa com comportamento suicida a *procurar ajuda* de um profissional ou de um serviço de saúde. Se o risco de suicídio é grande, oriente-a para que não fique sozinha.

Atendimentos gratuitos

- *Serviços de saúde*: CAPS e UBSs (Saúde da família, postos e centros de saúde).
- *Emergência*: SAMU 192, Unidades de Pronto Atendimento (UPAs), prontos-socorros e hospitais.
- *Centro de Valorização da Vida (CVV)*: ligue gratuitamente para 188, ou acesse http://www.cvv.org.br, para *chat*, *e-mail* ou agendamentos presenciais.
- *Neuróticos Anônimos:* grupo formado por homens e mulheres que compartilham suas experiências, fortalezas e esperanças para resolver seus problemas emocionais comuns e, dessa forma, se reabilitar da doença mental e emocional. Ligue para: (11) 3228.2042 / Whatsapp: (11) 99591-7773, ou acesse: http://www.neuroticosanonimos.org.br, para *chat*, *e-mail* ou agendamentos presenciais.

Atendimentos pagos

- *Instituto Influir*: transforma as pessoas por meio da educação. Dispõe de uma metodologia psicoeducativa única, certificada e liderada por equipe multidisciplinar, composta de psicólogos, pesquisadores, psicopedagogos, suicidólogos, psiquiatras, educadores, entre outros profissionais, que visam ao acolhimento humano, à prevenção e ao tratamento das doenças mentais, a partir de mudanças comportamentais. O serviço é pago, mas há um setor de psicólogos que atendem por um valor solidário.

Ligue para: +55 (11) 2626-3074 / (11) 94289-6294, ou acesse: http://www.institutoinfluir.com.br, para *chat*, *e-mail* ou agendamentos presenciais.

- Instituto Vita Alere de Prevenção e Posvenção do Suicídio: trabalha questões de prevenção ao suicídio e processos de luto e tem como objetivo o acolhimento de sobreviventes, fomentação de pesquisas, formação de profissionais para lidar da forma mais adequada possível com questões que envolvem o suicídio. É oferecida uma gama de serviços, como cursos e atendimentos psicológicos comandados por uma rede de psicólogos cadastrados e capacitados para atender quem pensa em suicidar-se, quem sobreviveu às tentativas de suicídio ou quem está passando por um momento de luto em razão de um ato suicida. O serviço é pago, mas há um setor de psicólogos que atendem por um valor solidário.
Ligue para: +55 (11) 5084-3568, ou acesse: http://www.vitaalere.com.br.

Considerações finais

Como vimos, o suicídio é um fenômeno complexo, multifatorial e envolto em dúvidas, questões e perguntas, por ser ainda um assunto tabu.

Como diz o lema da Campanha do Setembro Amarelo, de 2019: "Falar é a melhor solução".

Na preservação da vida e na prevenção ao suicídio, empatia, cuidado, atenção são sempre atitudes a serem vividas e valorizadas. Escute o próximo, caso ele queira ou precise conversar. E nunca se esqueça de que você também pode pedir ajuda.

Fica o apelo: por mais atenção a si mesmo e mais cuidado e atenção com os próximos de nós.

Não se esqueça: cuidar da saúde mental é cuidar da vida!

Certamente, depois de ter respostas a tantos porquês, os sentimentos foram transformados. Então, escreva quais mudanças ocorreram:

_____
_____
_____
_____
_____
_____
_____
_____
_____
_____
_____
_____
_____
_____
_____

Se quiser ficar ainda mais conectado comigo, enviar suas dúvidas ou simplesmente bater-papo, acompanhe-me nas redes sociais:

- @licio.vale
- facebook.com/licio.vale
- https://www.linkedin.com/in/liciovale/

Referências bibliográficas

ALETEIA. *6 dicas para identificar o comportamento suicida*: antes que seja tarde. 09 nov. 2016. Disponível em: https://pt.aleteia.org/2016/11/09/6-dicas-para-identificar-o-comportamento-suicida-antes-que-seja-tarde/. Acesso em: 23 abr. 2021.

ALMEIDA, A. F. Efeito de Werther. *Análise Psicológica*, v. 18, n. 1, pp. 37-51, 2000.

ANTONIAZZI, A. Presbíteros: o desafio da mudança. *Revista Vida Pastoral*, pp. 21-25, nov./dez. 2004.

ASSOCIAÇÃO BRASILEIRA DE ESTUDOS E PREVENÇÃO AO SUICÍDIO. Disponível em: https://abeps.org.br/manuais/. Acesso em: 23 abr. 2021.

ASSOCIAÇÃO BRASILEIRA DE PSIQUIATRIA (ABP) E CONSELHO FEDERAL DE MEDICINA (CFM). *Suicídio*: informando para prevenir. Brasília: CFM Publicações, 2014. Disponível em: https://www.hsaude.net.br/wp-content/uploads/2020/09/Cartilha-ABP-Preven%C3%A7%C3%A3o-Suic%C3%ADdio.pdf. Acesso em: 23 abr. 2021.

BAHLS, S. C. Aspectos clínicos da depressão em crianças e adolescentes. *Jornal de Pediatria*, v. 78, n. 5, pp. 359-366, 2002.

BARBOSA, G. A. et al. Depressão infantil: um estudo de prevalência com o CDI. *Infanto – Ver. Neuropsiq. da Inf. e Adol.*, n. 4, v. 3, pp. 36-40, 1996.

BBC BRASIL. OMS: Brasil é 4º em crescimento de suicídio na América Latina. Disponível em: https://www.bbc.com/portuguese/noticias/2014/09/140904_suicidios_brasilrg. Acesso em: 23 abr. 2021.

BEAUTRAIS, A. L. *Suicide Postvention*: Support for families, Whanau and significant others after suicide. Wellington: Ministry of Youth, 2004.

BELLONI, M. L. A formação na sociedade do espetáculo: gênese e atualidade do conceito. *Revista Brasileira de Educação*, n. 22, pp. 121-136, abr. 2003.

BOTEGA, N. J. *Crise suicida*: avaliação e manejo. Porto Alegre: Artmed, 2015.

CATECISMO DA IGREJA CATÓLICA. Disponível em: http://www.catequisar.com.br/dw/catecismo.pdf. Acesso em: 23 abr. 2021.

CORNEJO, E. R. S. P. U.; CESCON, L. F.; SCAVANCINI, K. A posvenção do suicídio e o cuidado com enlutados. In: GONÇALVES, I. *Suicídio*: prevenção, posvenção e direito à vida. João Pessoa: CuideSi – Espaço Integrado de Educação Emocional, 2018. v. 3.

COUTINHO, M. da P. de L. et al. Depressão, um sofrimento sem fronteira: representações entre crianças e idosos. *Psico-USF*, v. 8, n. 2, p. 183-92, jul./dez. 2003.

CRUVINEL, M.; BORUCHOWITCH, E. Depressão infantil: uma contribuição para a prática educacional. *Psicologia Escolar e Educacional*, v. 7, n. 1, p. 77-84, 2003.

DIAS, M. L. *Suicídio*: testemunho do adeus. São Paulo: Brasiliense, 1991.

FONSECA, M. H. G. et al. Prevalência de sintomas depressivos em escolares. *Pediatria*, v. 27, n. 4, pp. 223-232, 2005.

KÜBLER-ROSS, E. *Sobre a morte e o morrer*. Trad. Paulo Menezes. São Paulo: Martins Fontes, 2005.

LIMA, D. Depressão e doença bipolar na infância e adolescência. *Jornal de Pediatria*, v. 80, n. 2, 2004.

MACEDO, M. M. K.; WERLANG, B. S. G. Trauma, dor e ato: o olhar da psicanálise sobre uma tentativa de suicídio. *Ágora*, Rio de Janeiro, n. 10, v. 1, jun. 2007. Disponível em: http://scielo.br/j/agora/a/fj9zS9xsnhPCbzGQWxKGyTr/?lang=pt. Acesso em: 23 abr. 2021.

MARQUES, C.; PARO, T. F. *Quando a vontade de viver vai embora*. São Paulo: Paulus, 2019.

REVISTA BRASILEIRA DE PSICOLOGIA, Salvador, Bahia, 2015.

SCAVANCINI, K. *Histórias de sobreviventes do suicídio*. São Paulo: Instituto Vita Alere, 2018.

SCAVANCINI, K. Nas veredas da morte: o paciente com comportamento suicida. In: ALMENDRA, F. S. R. (org.). *Psicologia em Unidade de Terapia Intensiva*: intervenções em situações de urgência subjetiva. Rio de janeiro: Atheneu, 2017.

SCAVACINI, K. *Suicide Survivors Support Services and Postvention Activities*. Stockholm: Karolinska Institute, 2011.

SCHNEIDMAN, E. *Deaths of Man*. New York: Quadrangle, 1973.

VALE, L. D. A. *E foram deixados para trás*: uma reflexão sobre o fenômeno do suicídio. São Paulo: Loyola, 2017.

VALE, L. D. A.; FUKUMITSU, K. O. *Acolher e se afastar*: relações nutritivas e tóxicas. São Paulo: Loyola/Paulus, 2019.

VALE, L. D. A.; FUKUMITSU, K. O. *Processos autodestrutivos*: por que permitimos nos machucar? São Paulo: Loyola, 2020.

WIKIPÉDIA. Epigenética. Disponível em: https://pt.wikipedia.org/wiki/Epigen%C3%A9tica. Acesso em: 23 abr. 2021.